KB062511

삐뚤빼뚤 질문해도 괜찮아

빼뚤빼뚤 질문해도 괜찮아
세상과 마주하기 시작한 10대들을 위한 철학 상담소

초판 1쇄 펴낸날 2016년 3월 15일
초판 2쇄 펴낸날 2016년 12월 10일

지은이 희망철학연구소
그린이 박은미
펴낸이 이건복
펴낸곳 도서출판 동녘

전무 정락윤
주간 곽종구
책임편집 사공영
편집 구형민 최미혜 이환희
미술 조하늘 고영선
영업 김진규 조현수
관리 서숙희 장하나

인쇄·제본 영신사 **라미네이팅** 북웨어 **종이** 한서지업사

등록 제311-1980-01호 1980년 3월 25일
주소 (10881) 경기도 파주시 회동길 77-26
전화 영업 031-955-3000 편집 031-955-3005 **전송** 031-955-3009
블로그 www.dongnyok.com **전자우편** editor@dongnyok.com

ISBN 978-89-7297-755-1 43100

• 잘못 만들어진 책은 바꿔 드립니다.
• 책값은 뒤표지에 쓰여 있습니다.
• 이 도서의 국립중앙도서관 출판시도서목록(CIP)은 e-CIP홈페이지(http://www.nl.go.kr/ecip)와
국가자료공동목록시스템(http://www.nl.go.kr/kolisnet)에서 이용하실 수 있습니다.
(CIP제어번호: CIP2016005848)

세상과 마주하기 시작한
10대들을 위한 철학 상담소

희망철학연구소 지음

동녘

일러두기

1. 맞춤법과 띄어쓰기는 '한글 맞춤법'에 따랐습니다.
2. 단행본은 《 》로, 정기간행물과 논문, 영화 등은 〈 〉로 표기했습니다.
3. 본문에 등장하는 단행본이 국내에서 번역 출간된 경우 제목과 저자명을 번역서에 적힌 대로 표기했으며, 원서 제목의 병기는 생략했습니다.

삐뚤빼뚤한 질문이 우리를 새롭게 해요

살아 있는 것은 모두 삐뚤빼뚤하다.
똑바로 서 있다는 것은 죽어 있는 것들의 특징이다.
— 박남희, 〈생각의 빈틈〉

혹시 우리에게 이런 경험은 없나요? 모처럼 용기를 내어 질문을 했는데 엉뚱하다고 핀잔을 받았거나 웃음거리가 될까 봐 하고픈 말을 망설였던 경우 말입니다. 그 까닭은 무엇일까요? 아마도 이는 우리 사회가 가진 경직성 때문일 것입니다. 어떤 것이 옳다, 바르다, 맞다고 정해 놓고 이외의 것들은 용인하지 않는 우리 사회의 경직성이 우리를 그렇게 만드는 것이죠.

경직된 사회는 결코 건강할 수 없습니다. 같음만을 강조하는 경직된 사회는 새로움의 부재로 결국 소멸하기 마련입니다. 하지만 다름을 인정하는 사회는 그 다름으로 인해 늘 새로워지기에, 조금 삐뚤게 보일 수는 있지만 오히려 건강한 사회를 이룹니다. 우리는 그 예를 수많은 철학자들의 삶을 통해 찾아볼 수 있습니다. 철학자는 자신이 마주하는 것을 이전과 다른 시각에서 보고 질문하는 사람입니다. 그들은 때로 비정상으로 취급받기도 했지만 오늘의 역사는 바로 그들이 이끌어 온 것임을 우리는 잘 알고 있습니다. '이전처럼'이 아닌 '이전과 달리' 물어 나갔던 그들의 삐뚤빼뚤한 질문이 역사를 만들고 바꾼 것입니다. 그런 의미에서 삐뚤빼뚤한 질문은 잘못된 것이 아니라 우리가 건강하다는 사실을 반증하는 것입니다. 건강하게 살아 있기에 기존과 다른 질문 또한 던질 수 있는 것입니다.

어린이와 청소년의 철학 교육과 상담에 꾸준히 힘써 온 희망철학연구소가《삐뚤빼뚤 생각해도 괜찮아》,《쓸모없어도 괜찮아》에 이어 세 번째로 출간하는《삐뚤빼뚤 질문해도 괜찮아》는 바로 이를 위해 쓴 것입니다.《삐뚤빼뚤 생각해도 괜찮아》가 청소년들에게 비교적 밀접한 주제인 꿈, 존재, 언어, 공부, 중독, 가족, 차별, 국가, 경제, 폭력, 인권, 환경, 종교 등을 다뤄 생각할 수 있는 힘을 배양코자 한 책이었다면,《삐뚤빼뚤 질문해도 괜찮아》는 누구로부터도 제지당하지 않고 누구에게도 거리낌 없는 질문을 할 수 있도록, 보다 현실적인 문제들을 다뤄 사고의 심화를 꾀한 책입니다.

이상, 역사, 사랑, 악, 의지, 행복, 건강, 과학, 노동, 자유 총 열 가지 주제를 정해, 인류는 왜 끊임없이 이상적인 사회를 갈망하는지, 역사란 과연 무엇이기에 과거의 이야기임에도 미래에 발현되는 힘을 갖는지, 사람들은 왜 늘 사랑받기만을 원하는지, 우리의 고통은 어디에서 기원하는지, 오로지 자기 의지대로만 살아가는 것이 가능한지, 다들 행복하게 살고 싶어하지만 왜 실제로는 그러지 못하는지, 사람들은 왜 마음의 건강을 잃고서 몸의 건강만을 챙기며 사는지, 조금 삐딱한 시선으로 과학을 본다면 어떤 이야기들을 할 수 있는지, 인간의 삶과 노동은 어떤 관계에 있는지, 진정으로 자유로운 삶이란 어떤 삶인지를 묻고, 청소년들이 이전과 다른 시선과 관점을 가지고 스스로 답을 찾아 나갈 수 있게 이야기를 구성했습니다. 중간중간 쉽지 않은 이야기도 물론 있지만 질문하고 답하는 이 과정을 끝까지 함께한다면 여러분 역시 미래의 역사를 만들고 바꿀 수 있는 사람이 될 수 있을 거라 확신합니다.

책을 출판하기까지 애써 주신 아홉 분의 선생님들과 도서출판 동녘 여러분, 특히 저희들로 인하여 많은 주말을 반납하신 곽종구 주간님, 꼼꼼히 원고를 봐 주신 사공영 선생님, 정성을 다해 삽화를 그려 주신 박은미 선생님, 사장님에 이르기까지 모든 분들께 감사드립니다.

우리의 이러한 시도가 이 땅에 싹을 피우고자 하는 모든 청소년들에게 실제로 꿈과 희망이 될 수 있기를 기대하면서.

2016년 3월 1일
경희궁에서
박남희

차례

이상

유토피아를 향한 인류의 열망

이연도

너무너무 졸리고 심심한 오후, 숨소리도 죽이고 앉아 공부하고 있는 우리 반 친구들을 보면 문득 이런 마음이 듭니다.
'공부는 왜 해야 하는 거지? 공부 좀 안 하고 살 수 없나?'
하지만 조금 내색만 해도 제 옆에 앉아 있는 공부밖에 모르는 이 친구는 "그런 고민할 시간 있으면 한 문제라도 더 풀겠다"라고 핀잔을 주죠.
'자기도 이 지긋지긋한 시험만 끝나면 곧장 문제집 따윈 집어 던져 버릴 거면서!'
저도 알고는 있어요. 학생의 본분은 공부! 이곳 학교에서는 어떻게 해도 시험의 굴레와 공부의 부담에서 벗어날 수 없다는 것을요. 하지만 가끔 꿈은 꿀 수 있지 않을까요? 시험 없는 세상, 잔소리 없는 세상, 공부하지 않고도 멋지게 살아갈 수 있는 꿈만 같은 세상을요.

판도라의 상자

경쟁과 시험이 없는 사회. 공부하라고 다그치는 어머니의 목소리도, 수능도 기말고사도 없는 세상을 꿈꿔 본 적이 있나요? 오로지 성적으로만 우리의 가치를 평가하고 대학 입시가 전부인 것처럼 공부만 강요하는 따분한 이곳에서, 한 번쯤은 탈출해 보고 싶다는 열망을 가져 본 사람이라면 **이상 사회** 이야기를 함께할 자격이 있는 사람입니다. 이상 사회란 말 그대로 우리가 간절히 원하는 이상적인 사회라는 의미입니다.

인간은 아주 오래전부터 이상 사회를 꿈꿨습니다. 지상낙원에 대한 인류의 오랜 열망은 어쩌면 아무런 염려 없이 자연에 순응하며 살고자 했던 태초 인간들의 모습, 인간의 원초적인 본능에서 비롯된 것인지도 모르겠습니다. 성경에 나오는 태초의 인간은 에덴동산에서 자연의 질서만을 따르며 아무런 걱정 없이 즐겁게 살았죠. 하지만 선악과를 먹고 옳고 그름이 무엇인지 알고 나서부터는 삶의 고통을 알게 되었습니다. 이상적인 삶이 결코 도덕적이지는 않을 수 있다는 얘기겠지요.

그리스신화 속 판도라의 상자 이야기는 더 나은 세상, 즉 이상 사회에 대한 갈망이 인간에게 얼마나 중요한 것인지를 가르쳐 줍니다. 인간에게 불을 훔쳐다 줘 제우스의 노여움을 샀다는 프로메테우스 이야기를 들어 본 적이 있을 겁니다. 그의 발칙한 행동에 크게 화가 난 제우스는 그와 인간들에게 복수를 하기로 마음먹었죠. 장인의 신 헤파이스토스를 찾아가 여신을 닮은 처녀, 판도라를 빚게 해 프로메테우스의 동생 에피메테우스에게 시집을 보냅니다. 그리고 이때 아주 예쁘게 만든 상자 하나도 딸려 보냈죠. 제우스의 선물이 불안했던 프로메테우스는 절대 그 상자를 열지 말라 신신당부를 합니다. 하지만 호기심을 참지 못한 판도라는 끝내 상자를 열어 버리고 말았고 순식간에 그 안에 봉인되어 있던 질병, 미움, 슬픔, 절망, 질투, 복수 등이 인간 사회로 쏟아져 나왔습니다. 평화롭던 세계는 한순간에 불행의 소용돌이에 휩싸여 버렸죠. 겁에 질린 판도라는 얼른 상자를 닫았습니다. 하지만 이미 상자 속의 모든 것이 빠져나간 뒤였고, 남아 있던 마지막 요정만이 이렇게 말을 건넸습니다.

"판도라님, 제가 나가야만 사람들이 살아갈 용기를 가질 수 있어요!"

이 요정이 바로 희망입니다.

슬픔과 절망에 빠져 있다가도 다시 세상을 살아갈 수 있는 힘을 가질 수 있는 것은 바로 희망이 있기 때문입니다. 내일은 오늘보다 더 좋은 일이 생길 거라는 믿음이 있기에 살아갈 용기를 낼 수 있는 것이죠. 결국 이상을 꿈꾸는 것은 희망이 있기에 가능합니다. 그러니 이상 사회, 유토피아에 대한 이야기는 결국 희망의 이야기라고도 할 수 있습니다.

유토피아,
세상 어느 곳에도 존재하지 않는 곳

지금으로부터 약 오백 년 전, 영국의 한 법관은 《유토피아》라는 책을 써 인류가 꿈꿔 온 이상적인 사회를 묘사해 냈습니다. 흔히 쓰는 '유토피아'라는 말은 이 작품 속에서 처음으로 사용된 단어지요. '없는'을 뜻하는 그리스어 '우ou'와 '장소'를 뜻하는 '토포스topos'라는 단어를 결합시켜 '어디에도 없는 장소'라는 뜻을 가진 단어를 만들어 냈습니다. 그가 유토피아라 이름 붙인 섬에는 애초부터 돈이 존재하지 않았습니다. 모든 재산을 공유하는 것이 그곳의 가장 큰 특징이었지요. 섬에 사는 사람들에게 필요한 것들은 모두 필요한 만큼 무상으로 지급되었습니다. 모두가 같은 옷을 입고 공동 식당에서 함께 먹으며 살았습니다. 그곳에는 고리대금업자나 자본가처럼 다른 사람의 노동에 기대어 노동하지 않고 사는 사람은 없었습니다. 그곳에서는 금도 아무런 값어치가 없어 물건을 매다는 사슬이나 변기를 만드는 데 사용되었습니다.

동양에서는 도연명이라는 시인이 4세기경에 《도화원기》라는 작품을 통해 이상 사회를 묘사했습니다. 도화원 사람들은 황제의 죽음도, 정부 관리의 존재나 세금의 개념도 모른 채 살았지요. 《장자》 속에 나오는 '건덕지국建德之國'도, 《열자》 속의 '종북지국終北之國'도 유토피아와 비슷한 곳들입니다. 정부와 관리들의 가혹한 억압에 대한 반발로, 글을 통해 무릉도원을 그려 내는 사상가들이 적지 않았던 것입니다. 근대 중국의 철학자 캉유웨이가 쓴 《대동서》 역시 이상 사회를 묘사한 동양의 대표적인 철학 책입니다.

중국이나 우리나라에서는 오래전부터 백성들이 꿈꾸는 이상 사회를 **대동**大同이라 표현해 왔습니다. 대동은 '크게 더불어 하나가

된다'는 의미입니다. 대동사상은 우리나라와 중국을 비롯해 유교 문화권에 속하는 아시아 여러 나라에 적지 않은 영향을 미쳐 왔지요. 맹자가 이야기했던 정전제井田制*와 오늘날 중국이 표방하는 '개혁 개방' 정책은 시간적으로는 이천 년이라는 차이를 두고 있지만 내면으로는 동일하게 대동을 향한 열망을 담고 있습니다. 현재 중국 정부는 대동을 이루기 위한 기초 단계로 '소강小康 사회' 실현을 정책 목표로 삼고 있습니다. 소강은 '조금 안정된 상태'라는 뜻으로, 모든 국민이 함께 행복한 사회를 만들어 보자는 것이 지금 중국이 지향하는 모습입니다. 이런 정책의 표방은 이상 사회로 꿈꿔 온 낙원을 이곳 현실 세계 속에서 이루고자 하는 동양 문화의 특징을 보여 주는 하나의 사례이기도 합니다.

서양 문화의 중심을 이루는 기독교 사상은, 행복한 낙원은 이 세상에 있는 것이 아니라 하나님이 준비해 둔 '천국'에 있다고 봅니다. 불교도 비슷하죠. 지금 우리가 살고 있는 현실 세계는 온갖 고통과 슬픔으로 가득 차 있고, 생명이 다한 후 가게 될 다른 세계 즉, '극락'에 진정한 천국이 있다고 합니다. 하지만 우리나라나 중국의 전통문화에서 핵심을 이루는 유학은 이상 사회를 그렇게 보지

* **정전제** — 고대 중국의 하나라·은나라·주나라에서 실시한 토지 제도. 농지를 우물 정井자 모양으로 아홉 등분한 다음, 정중앙의 한 구역을 제외한 나머지 여덟 구역을 여덟 농가에게 나누어 주어 각각 농사짓게 하고, 정중앙의 한 구역은 공동으로 농사짓게 하여 그 수확만 나라에 세금으로 바치게 한 제도다.

않습니다. 우리가 꿈꾸는 낙원은 천국이나 극락에 있는 것이 아니라 바로 여기, 지금 우리가 살고 있는 이 세계에서 실현될 수 있다고 봅니다. 우리 역사 속에 생생하게 남아있는 꿋꿋한 선비 정신의 근원도 바로 여기에 있습니다. 이 세상을 낙원으로 만들어야 한다는 강한 사명 의식에서 비롯된 것이지요. 찾아보면 우리나라에도 《유토피아》나 《대동서》에 나오는 이상 사회를 다룬 이야기가 적지 않게 있습니다. 대표적으로 《홍길동전》에 나오는 '율도국'이나 근현대 사회에 큰 영향을 주었던 동학사상에서 이런 이야기의 흔적을 찾아볼 수 있습니다.

고통은 우리들 스스로 만들어 놓은 벽에서 온다

세상 어느 곳에도 존재하지 않지만 모두가 꿈꾸는 세상, 유토피아는 철학이 탐색하는 아주 중요한 영역 중 하나입니다. 수많은 철학자와 작가들이 인류의 꿈과 이상 사회에 대한 이야기를 해 왔지요. 16세기 프랑스의 작가 라블레는 《가르강튀아》라는 작품을 통해 텔렘 수도원이라는 유토피아를 그려 냈고, 영국의 작가 디포가 쓴 《로빈슨 크루소》에도 리베르탈리아라는 유토피아적 공간이 나옵니다. 이런 공간들이 문학으로 표현된 유토피아라면, 주로 19

세기에 활동했던 프랑스의 사회주의자 푸리에가 구상한 사회주의적 공동생활체 '팔랑스테르'나 1858년 뉴욕에 건설된 통합 가구 unitary household*는 현실 세계에서 실험된 유토피아라 볼 수 있죠.

《로빈슨 크루소》는 스코틀랜드 출신 선원의 실제 표류기가 영감이 되어 탄생한 작품입니다. 내용을 검토해 보면 국가와 정부의 문제, 사회계약**에 대한 비판 등을 꽤 깊게 다루고 있다는 것을 엿볼 수 있습니다. 《가르강튀아》에 나오는 탈렘 수도원의 '탈렘'이라는 이름은 '나는 원한다'라는 뜻의 그리스어 '텔로theolo'에서 따왔습니다. 이름처럼 이곳의 사람들은 일어나고 싶을 때 일어나고, 먹고 싶을 때 먹고, 일하고 싶을 때 일하고, 자고 싶을 때 잡니다. 우리가 일반적으로 알고 있는 딱딱한 수도원의 이미지와는 많이 다르죠. 여기에 거주하는 사람들은 그 누구에게도 하기 싫은 일을 억지로 하도록 강요받지 않습니다. '원하는 대로 행동하라'는 것이 이곳의 종교입니다. 그야말로 이상적인 곳이지요.

★ 통합 가구 — 19세기 미국은 이상적 사회주의자들의 천국이었다. 푸리에의 이상적 사회주의 이론에 영감을 받은 미국 내 사회주의자들, 그 중에서도 특히 예술가, 시인, 기자, 페미니스트들이 모여 만든 독특한 형태의 공동체가 바로 통합 가구다. 그들은 집세, 식비, 서비스 직원의 고용 비용 등을 공동으로 분담하며 살았으며, 다른 사회주의 공동체들과 달리 별다른 금기도 정하지 않고 살았다.

★★ 사회계약 — 17세기 영국의 철학자 홉스는 인간의 본성은 이기적이기 때문에 자연 상태 그대로 두면 "만인에 대한 만인의 투쟁"이 일어나기 쉽다고 보았다. 이를 방지하지 위해서는 서로 계약을 맺어 각자의 이익을 지키고 손해를 최소화해야 한다고 주장했다. 그 계약을 유지하기 위해 출현한 것이 사회, 곧 국가와 절대 권력이라는 견해다.

일반적인 상식으로는 도저히 이해할 수 없는 기묘한 이야기들이 유토피아 책들 속에서는 펼쳐집니다. 이야기의 주 무대는 대개 섬이나 수도원 같은 고립된 장소들이죠. 현실의 사회에서는 이상적인 삶을 실현하는 것이 그만큼 어렵다는 의미이기도 합니다. 한편 이런 이야기들은 주로 평온한 시기에 나타나기보다는 역사적으로 큰 변화가 있는 시기에 활발하게 논의됩니다. 가령 중세 신분제 사회가 근대 시민사회로 전환되던 시기, 또는 제국주의가 본격적으로 등장하던 시기에 유토피아를 다룬 이야기들이 많이 등장했습니다. 동양 역시 마찬가지였습니다.

캉유웨이가 《대동서》를 썼던 시기인 19세기 말, 20세기 초는 중국 역사상 가장 고통스러운 시기였습니다. 서구 열강의 침략으로, 중국은 이천여 년 동안 유지해 온 동양의 맹주 자리를 빼앗기고 생존마저 위협받고 있었지요. 1895년 청일전쟁에 패하며 마지막 남은 자존심까지 무너졌습니다. 캉유웨이는 그 위기의 원인이 중국이 시대의 흐름을 읽지 못한 데 있다고 보고 강력한 개혁을 촉구했습니다. 하지만 당시 그가 주도 했던 변법자강운동(무술변법戊戌變法)은 반개혁파의 저지로 실패로 끝나고 말았죠. 그러나 이후 그 불씨가 발전해 왕조 정치를 청산하고 새로운 민주 공화제를 여는 데 큰 역할을 했습니다. 《대동서》는 무술변법 실패 후 캉유웨이가 외국으로 망명해 완성한 책입니다. 이 책에서 그는 중국의 대동사상을 서양철학과 결합시켜 새롭게 정리했습니다. 때문에 그 내용은 동양의 전통적인 이상 사회의 모습도 담고 있지만, 동시에 서양의 유토피아 사상에서 영향을 받은 부분 역시 가지고 있습니다.

대동사상의 핵심은 '모두를 위하는 마음'과 '고루 잘 사는 것'으로 요약할 수 있습니다. 이는 대동 사회를 구체적으로 다뤄 낸 경전인《예기》와《시경》,《묵자》에서도 공통적으로 확인할 수 있는 내용입니다. 동양에서는 하夏나라 이후 이천 년 넘게 군주전제가 유지되어 왔습니다. 그리고 그 속에서 '천하는 한 개인이나 집안의 소유물이 아니다'라는 생각 역시 면면히 이어져 왔지요. 유학의 대표 경전인《맹자》에서도 그런 내용을 확인할 수 있습니다. 맹자는 "왕의 본분을 다하지 못한 걸왕과 주왕은 한낱 필부에 지나지 않는다"라고까지 맹렬히 비판했습니다. 조선의 성리학자들이 "왕은 선비의 한 사람에 불과하며, 수양修養을 게을리 한다면 왕의 자격이 없다"고 한 것도 바로 여기에 그 근거가 있습니다.

캉유웨이는《대동서》에서 고대 중국의 이상향인 대동사상을 구체화시켰습니다. '사회의 경계를 극복하고 모두가 행복하게 사는 인류 공동체'가 그가 꿈꾼 세상이었지요. 그는 전쟁은 국가 간에 경계가 있기 때문에 일어나는 것이라 보고 '국가 없는 세계'를 제안했습니다. 또한 우리 사회의 다툼은 대부분 가족이기주의에서 비롯된 것이라며 가족제도 역시 해체해야 한다고 주장했습니다. 지금 들어도 깜짝 놀랄 만한 얘기죠. 현실적으로 실행하기는 어려운 일들입니다. 그렇지만 지금 우리 사회에 팽배해 있는 개인주의나 전쟁의 위협 등을 떠올려 보면, 충분히 의미 있는 이야기입니다.

실제로 국가는 사람들이 전쟁을 벌이는 근본적인 원인입니다. 국제기구 유엔UN을 비롯해 전쟁을 반대하고 평화를 지지하는 세력들이 이렇게 많은데도 왜 전쟁의 포성은 여전히 끊이지 않는 것일까요? 그것은 아마 각 나라들이 자신의 이익만을 위해 힘쓰고, 강대국들은 특히 더 유엔의 권고를 쉽게 무시해 버리기 때문일 것입니다. 국경에 상관없이 지역별 블록을 형성하고 국가들을 통합해 '세계 정부'를 구성한다면 어떨까요? 세계 의회가 구심력을 발휘해 모두가 무기를 버리게 한다면, 더 이상 전쟁은 일어날 수 없게 되지 않을까요?

이상 사회가 도래하여 경계와 격차가 해소되면 이외에도 많은 갈등들이 해결될 것입니다. 오늘날 국가 간의 전쟁보다도 더 치열한 갈등은 부자와 가난한 자 사이의 갈등입니다. 생산 규모가 거대해지고 유통 과정이 복잡해지며, 돈 있는 사람과 없는 사람 간의 격차는 마치 하늘과 땅만큼 크게 벌어졌지요. 대동 사회가 실현되면 이들 간의 갈등도 사라질 수 있습니다.

한편 가족제도의 철폐는 캉유웨이뿐 아니라 이탈리아의 철학자 캄파넬라도 주장했던 내용입니다. 캄파넬라는 《태양의 나라》라는 책 속에서 유토피아를 가족이 없는 사회로 그려냈습니다. 그는 부자와 가난한 자 사이의 갈등도 근본적으로는 가족제도에 그 원인이 있다고 보았지요. 인류 역사에서 가족이라는 개념이 생긴 것은 공동으로 소유하던 재산을 개인들이 나누어 갖게 되면서부터 입니다. '내 재산은 내 자식에게 물려주겠다'는 이기적인 생각이 싹트며, 원시의 인류 공동체가 무너지고 각각의 가족이 생겨난 것이지요. 물론 그것이 인간의 본성이고, 그로 인해 경쟁심이 생겨나 인류 역사 발전의 원동력이 되었다고 주장하는 이들도 있지만요.

실제로 가족이기주의는 심각한 사회 분열은 물론이고 교육적 빈곤과 차별 문제까지 야기합니다. 부유한 집에서 태어난 아이는 좋은 교육을 받아 성공할 가능성이 높아지지만, 가난한 집에서 태어난 아이는 상대적으로 덜 좋은 교육을 받게 될 수 있고 공부보다는 다른 일에 신경을 써야 하는 경우가 많죠. 결국 가난이 대를 이어 계속될 수 있다는 데에 문제의 심각성이 있습니다.

캉유웨이는 인간이 세상에 태어나 겪게 되는 슬픔을 크게 여섯 가지, 허약한 신체, 자연재해, 사회 지위의 불평등, 제도적 제약, 인간적 슬픔, 견디기 힘든 의무로 이야기했습니다. 그런데 이 모든 고통들은 실상 우리가 스스로 만들어 놓은 경계, 즉 벽에서 비롯되는 경우가 많습니다. 그러니 국가, 가족, 성별, 인종 등과 같은 벽과 경계 그리고 격차를 만들어 내는 여러 요인들에서 벗어나야만 비로소 인류가 크게 하나 되는 이상 사회를 건설할 수 있을 것입니다.

초월의 세계로 향하는 문

이상 사회를 꿈꾸는 희망은 왜 소중한 것일까요? 독일의 철학자 블로흐는 그의 저서《희망의 원리》에서 "우리 시대의 철학이 빈곤한 이유는 인간이 '사유가 지닌 초월적 세계'를 포기했기 때문이다"라고 설파했습니다. 오늘날 서양철학의 주류 중 하나인 논리실증주의*는 근본적으로 '논리의 저편에 초월이 존재한다'는 사실을 부정하지요. 그 결과는 어떻습니까? 논리성에 대한 강조로 합리적 사고 능력은 향상되었을지 모르지만, 현실을 극복하고 더 나은 미래로 향하려는 희망에서는 멀어져 버리지 않았나요? 초월을 포기한 철학은 이렇게 당연히 '사상적 빈곤의 함정'에 빠질 수 밖에 없습니다.

인간의 사유는 근본적으로 현실을 초월하는 행위입니다. 육체는 이곳, 문제 많은 현실 속에 갇혀 있어야 하지만 생각은 언제든 현실보다 더 나은 세상을 꿈꿀 수 있으니까요. 현실을 넘어서는 이상에 대해 공부하는 것이 중요한 이유입니다. 오늘날 사람들이 유토피아 사상에 관심을 갖는 것은 결코 우연한 일이 아닙니다. 이상 사회에 관심을 갖고 쉼 없이 논하며 그곳을 꿈꾼다는 건 기존 사회의 질서가 위기에 처해 있다는 사실을 반영합니다. 독일의

★ **논리실증주의** — 철학의 임무는 모든 언어를 논리적으로 분석하는 일이라고 보는 학파. 형이상학이나 과학적 언어를 초월하는 행위는 무의미하다고 주장한다.

사회학자 만하임도 그의 저서《이데올로기와 유토피아》에서 비슷한 이야기를 한 적이 있습니다. 그는 이상 사회를 원하는 이들의 의식의 바탕에는 하나같이 그들을 억압하는 사회집단을 개혁하겠다는 강렬한 의지와 희망이 있다고 주장했습니다. 즉 유토피아를 향한 열망은 곧 현 사회의 변화와 개혁을 요구하는 이들의 목소리와도 같은 것입니다.

우리의 오랜 역사 속에서 인류가 이뤄 낸 수많은 일들은 사실 과거로 돌아가 그때의 관점에서 생각해 보면 모두 현실적으로 불가능한 일이었습니다. 자유, 평등, 민주주의, 법치, 여성의 투표권, 아동의 권리, 모두가 수많은 희생을 통해 이룩한 것들이지요. 도저히 깨지지 않을 것처럼 보였던 철벽을 향해 거침없이 자신의 몸을 날렸던 숱한 이상주의자들이 자기 목숨과 맞바꾼 것들입니다. 유토피아를 향한 열망을 기반으로 일으킨 혁명이 오늘을 이룬 것입니다.

모든 사람이 더불어 행복하게 사는 세상, 그런 세상을 꿈꾸는 것은 인류가 존재하는 한 계속될 것입니다. 인간은 모두 오늘보다 나은 미래를 바라니까요. 그리고 우리 모두 바로 그 희망이 있기 때문에 살아가고 있으니까요.

더 깊이 생각하게 하는 책들

유토피아

토마스 모어 지음,
권혁 옮김,
돋을새김, 2006.

유토피아 사상의 고전. 문학적 필치로 자유에 기반한 이상적인 공동체의 모습을 잘 표현해 냈다. 돈과 금을 신랄하게 풍자하여 당시 유럽사회에 만연해 있던 물신주의를 강력하게 비판했다. 말 그대로 유토피아는 '이 세상 어디에도 존재하지 않는 곳'이지만, 글쓴이는 유토피아 섬의 문물과 정치제도를 세세히 묘사하여 자신이 이루고자 했던 국가의 모습을 자세히 보여 주었다.

국가

플라톤 지음,
천병희 옮김,
숲, 2013.

'이상 국가란 어떤 사회인가'라는 논의의 출발점에 있는 책. 플라톤이 제시하는 정의로운 국가의 청사진이 제시되어 있다. 플라톤은 "정의가 무엇인지 아는 사람이 국가를 이끌어야 사회가 올바르게 나아갈 수 있다"라고 이야기한다. 철학자가 정치를 담당해야 하는 이유다. 정치 지도자에게 필요한 여러 가지 자질들과 더불어 형이상학, 윤리학, 교육, 경제까지 여러 가지 주제들을 폭넓게 다뤘다.

대동서

캉유웨이 지음,
이성애 옮김,
을유문화사, 2006.

동양의 유토피아라 할 수 있는 대동사상에 대한 체계적인 소개와 특징을 확인할 수 있는 책. 동양의 이상 사회와 근대 중국에 소개된 서양의 유토피아가 융합된 독특한 이상 사회의 모습이 흥미롭다. 우리나라를 비롯해 근대 동아시아 지식인들에게 상당한 영향력을 끼친 작품이다.

이데올로기와 유토피아

카를 만하임 지음,
임석진 옮김,
김영사, 2012.

독일의 사회학자 만하임의 대표작. 수많은 이데올로기와 유토피아 사상이 대두되었던 19세기 말부터 20세기 초까지가 이 책의 시간적 배경이다. 이데올로기가 기존의 질서를 유지하려는 이념이라면, 유토피아는 기존의 질서를 변혁하려는 태도다. 저자는 이 둘 간의 긴장을 사회학적 관점에서 엄밀히 분석하고 규명해 냈다. 유토피아 사상에 대한 깊이 있는 이해를 얻고자 하는 사람이라면 반드시 읽어야 할 책이다.

엘포의 유토피아 기행

엘포 지음,
우현주 옮김,
서해문집, 2015.

만화와 그림으로 유토피아의 역사를 폭넓게 조망한 책. 에덴동산에서 현대사회까지, 유토피아 여행을 하는 주인공을 따라가다 보면 유토피아의 역사와 가치를 파악할 수 있다. 유토피아에 대한 열망이 현실에 왜 필요한지도 자연스럽게 알 수 있다. 고전에 대한 이해가 없는 청소년들이 입문서로 읽으면 좋을 책이다.

인수푸, 사라진 아이들의 섬

미라 로베 지음,
이미옥 옮김,
궁리, 2015.

오스트리아 아동문학가 로베의 소설. 전쟁을 피해 바다 건너 다른 곳으로 탈출하다가 무인도에 갇힌 아이들의 이야기다. 무인도에서 서로 협조하며 자기들만의 공동체를 이뤄 나가는 소년, 소녀들의 모습이 인상적이다. 그곳에서 그들은 모두가 자유로운 세상, 자신이 원하는 삶을 스스로 계획하고 누구에게도 복종하지 않아도 되는 세상을 펼쳐 나간다. 이 책을 읽다 보면 인간에 대한 신뢰를 회복함과 동시에 유토피아에 대한 소망을 갖게 된다.

역사

과거 속에서 미래를 찾다

서동은

몇 년 전부터 우리는 예전에는 선택해서 배웠다는 우리나라의 역사를 필수 과목으로 배우기 시작했습니다. 어른들의 논쟁 끝에 결국 공부거리만 늘었다고 불평하는 친구들이 많지만 뭔가 어른스러운 척을 하며, "한국인으로서 제대로 된 정체성을 가지려면 당연히 배워야 하는 거 아니니? 난 수학이나 영어보다 한국사가 훨씬 더 중요한 과목이라고 생각해"라고 말하는 친구들도 있죠.
사실 저는 잘 모르겠어요. 알아야 할 것 같긴 한데 정말 왜 배워야 하는 건지는 정확히 모르겠거든요. 어른들이 말하는 거창한 이유 말고, 정말 나한테 어떤 도움이 되는 공부인지 자세히 알고 싶어요. 어쨌든 적지 않은 공부거리가 생긴 건데, 왜 해야 하는지, 하면 뭐가 좋은지를 알아야 공부하는 게 조금 수월해지지 않을까요?

경험 많은 친구를 곁에 두듯이

역사에 대한 이야기를 하려고 하면, 으레 "역사는 왜 배워야 하는 거예요?"라고 묻는 학생들을 볼 수 있습니다. 정말 역사는 왜 배워야 할까요? 도대체 무엇이기에 이토록 중요하게 다루어지고 있는 걸까요?

역사란 다른 말로 하면 '선조들의 삶의 기록'입니다. 오늘날 우리가 경험하는 수많은 일들은 매일 새롭게 일어나는 것처럼 보이지만 실상 십 년 전에도, 이십 년 전에도, 그보다 훨씬 전인 백 년 전에도 유사하게 일어났던 일들이지요. 때문에 지금 우리가 고민하고 있는 문제들 역시 이미 오래전에 우리 선조들이 먼저 겪고 고민하고 해결했던 일들입니다. 따라서 시선을 온통 현재에만 두지 않고 과거 선조들이 했던 생각과 살아온 삶에 집중시키면 눈앞에 닥친 문제는 의외로 쉽게 풀릴지 모릅니다.

그러니 역사를 배우는 것은 마치 경험 많은 친구를 곁에 두는 것과 같습니다. 이제껏 살아온 삶이 길다고 말할 수는 없지만, 그 짧은 삶 속에서도 우리는 숱한 어려움 앞에 놓여 수없이 많은 선택을 해야 했지요. 책에서 배운 지식만으로는 어느 쪽을 선택해야 좋을지 알 수 없었습니다. 하지만 나보다 먼저 이 기로 앞에 섰던 친구, 내가 겪을 미래를 이미 경험해 본 친구가 곁에 있다면, 그 친구를 통해 아직 겪지 않은 미래라도 짐작하고 예측해 볼 수 있지 않을까요. 그리고 어렵지 않게 더 나은 선택을 할 수 있게 될 것입니다.

이처럼 역사는 비록 과거의 기록이지만 현재를 위한 지침이며 미래의 발판입니다. 아픈 역사는 반면교사反面敎師로, 자랑스러운 역사는 온고지신溫故知新의 태도로 받아들이며 그 기록을 삶의 길잡이로 삼는다면, 우리는 삶의 문제에 좀 더 슬기롭게 대처하며 살 수 있을 것입니다.

역사를 잊은 백성에게는 미래가 없다

꽤 오래전부터 일본의 평화헌법(일본국 헌법 제19조) 개정 문제가 나라 안팎을 시끄럽게 만들고 있습니다. 아니, 일본이 개정하는 것이 우리나라 헌법도 아니고, 일본 헌법이 개정된다고 우리나라 법이 바뀌는 것도 아닌데, 왜 일본 헌법 개정에 우리나라 사람들이 열을 올리는 걸까요? 아마 과거 일본이 한 일을 제대로 모르는 사람이라면 이런 모습들을 쉽게 이해하기는 힘들 겁니다. 평화헌법이 언제 무슨 까닭으로 생겨났고 어떤 내용을 담고 있는지를 알아야 그 법을 개정하려는 일본 정부의 의도와 개정에 반대하는 사람들의 마음을 헤아릴 수 있겠죠.

19세기 말부터 20세기 중반까지 일본은 제국주의 침략 정책을 표방하며 수많은 전쟁범죄를 저질렀습니다. 그중 1894년에 일어난 청일전쟁과 1904년에 일어난 러일전쟁은 당시 우리나라 사람들에게 씻을 수 없는 상처를 남겼죠. 다른 주변국들 역시 엄청난 피해를 보았습니다. 평화헌법은 제2차 세계대전에서 완전히 패망한 일본이 무조건 항복을 외치며 다시는 전쟁을 일으키지 않겠다고 스스로 약속하며 제정한 법입니다. '앞으로 영원히 전쟁을 일으키지 않을 것이고, 그 약속을 지키기 위해 군대도 보유하지 않을 것이며, 설사 평화적인 방법으로 해결할 수 없는 일이 생겼다 해도 전쟁을 통하여 그 일을 해결할 권리는 포기하겠다'는 것이 일본 헌법 평화 조항의 내용이었지요. 물론 법의 제정과 공포 과정에서 당시 승전국이었던 미국의 압력이 있었지만, 헌법으로 평화 유지를 약속한 것은 전쟁범죄를 일으킨 나라로서 응당 해야만 했던 반성의 표시였습니다. 그렇지 않았다면 여전히 전쟁의 여파에서 벗어나지 못하고 있던 주변국들이 계속해서 불안해했을 겁니다.

물론 지금은 당시와 상황이 많이 달라져 일본이 또 전쟁을 일으킬 거라며 불안해하는 나라가 많지 않습니다. 하지만 그때 생긴 전쟁의 상흔은 여전히 곳곳에 남아있습니다. 과거 수탈의 기지 역할을 했던 곳으로 여전히 황폐해진 모습을 벗지 못하고 있는 도시도 있고, 당시 전쟁에서 희생된 사람들의 가족들이 아직 남아 있으며, 지금까지도 제대로 된 사과를 받지 못해 통곡하고 있는 위안부 할머니들도 여러 분 계시죠. 우리나라만이 아니라 함께 고통받았던 수많은 국가들이 이런 아픔들을 가지고 있습니다. 그런데도 우리가 이런 역사적 사실을 알지 못하고 시간이 지나 잊히면 잊히는 대로, 우리의 고통도 일본의 만행도 덮어 버리고 만다면 십 년 후 이십 년 후에는 과연 어떤 일이 일어날까요?

일본은 평화헌법 개정 문제를 거론하기 훨씬 전부터 이미 역사를 미화하고 왜곡해 자신들이 저지른 과거의 잘못을 덮으려는 일들을 해 오고 있었습니다. 지금 일본의 역사 교과서는 그들이 저지른 과거의 잘못을 곧이곧대로 전하고 있지 않지요. 따라서 아마 지금 일본의 청소년들은 자기 선조들이 과거에 어떤 일을 저질렀는지 제대로 알지 못할 겁니다. 일본 헌법이 왜 평화 조항을 두고 있는지도 모를 수 있겠죠. 그러면 자기 나라에 왜 군대가 없는지도 모를 겁니다. 반면 그 시기 수많은 식민지들을 거느리며 일본이 엄청난 부국富國이 되었다는 사실은 알고 있겠죠. 그러니 어쩌면 후에 국력을 위해 군대를 다시 조직하자고 주장할지도 모릅니다. 그들에게 전쟁은 '평생 뉘우쳐야 하는 잘못이며 영원히 다시 저질러서는 안 되는 범죄'가 아니라 시간이 지나면 자연스럽게 용서받을 수 있는 '부국의 기회'일 수도 있을 테니까요.

뼈아픈 역사를 모르는 한국의 청소년들과 잘못된 역사를 뉘우치지 않는 일본의 청소년들이 어른이 되면 어떨까요? 두 나라 사이에 또 한 번의 비극적인 사건이 일어나지 않을 거라는 보장은 없습니다. 한국사를 배워 일본의 만행을 정확히 알고 있는 한국인과 왜곡된 역사를 배워 일본의 잘못을 제대로 파악하지 못하고 있는 일본인이 과거의 사건에 대해 대화를 한다면 어떤 일이 일어날까요? 하나의 사건이 서로 다른 두 개의 '사실'로 둔갑해 있을 테니, 서로 자기가 알고 있는 역사적 사실이 진실이라 주장하며 다툼을 벌이게 될 수도 있습니다. 또 다른 갈등이 시작되는 것이지요.

과거의 일은 결코 과거에만 머물러 있지 않습니다. 현실과 매우 밀접하며 미래에도 영향을 줄 수 있지요. 우리가 역사를 알고 배워야 하는 이유가 바로 여기에 있습니다. 부끄럽고 고통스러웠던 과거를 현재와 미래로 다시 데려오지 않으려면 반드시 당시의 일을 정확히 알고 이해하고 있어야만 합니다. 역사를 잊은 이들에게는 과거보다 나은 현재도, 발전된 미래도 장담할 수 없습니다. 과거의 치욕을 부끄럽게만 생각하고 덮어 버리고 만다면 후일 우리의 자손들은 같은 치욕을 곱절의 고통과 함께 겪게 될지도 모릅니다. 하지만 치욕적인 역사라도 인정하고 받아들여 반면교사로 삼는다면 다시는 그런 일을 겪지 않을 것입니다.

미네르바의 부엉이는 황혼에 날개를 편다

앞서 역사는 과거의 기록이라 이야기했습니다. 과거의 일이지만 현재, 나아가 미래와도 직결되기에 제대로 알아야만 한다고 강조했지요. 그런데 역사는 누가 기록한 것일까요? 그들은 왜 역사를 기록했을까요? 그들은 과거의 사실을 정말 '있는 그대로' 기록한 것일까요? 우리는 그들의 기록을 정말 과거에 있었던 '사실'이라고 받아들여도 되는 걸까요? 역사가 생겨난 이래 수많은 사람들이 이런 질문을 던졌습니다. 그리고 역사학이라는 학문이 생겨나고부터는 모든 역사학자들이 함께 모여 이런 문제들을 고민해 왔죠.

과연 우리는 과거의 사실에 얼마나 객관적으로 접근할 수 있을까요? 여러 명의 친구들과 함께 여행을 다녀와 이후 한자리에 모여 이야기를 하다 보면, 간혹 '우리가 같은 곳을 다녀온 것이 맞나?'하는 마음이 들 정도로 서로의 이야기가 엇갈릴 때가 있습니다. 분명 같은 날 같은 곳으로 여행을 가서 같은 것을 보고 같은 일을 경험했는데, 서로가 기억하는 사실은 다른 거죠. 내가 기억하는 사실과 친구가 기억하는 사실이 다르다면 진짜 사실은 과연 무엇일까요? 어떤 사실이 맞는 사실일까요? 이런 경험은 우리로 하여금 듣고 본 것이 같고 경험한 일이 같아도 결국 기억과 기록은 자신이 보고 느낀 대로 하게 된다는 것을 깨닫게 해 줍니다. 즉 모든 기록에는 개인의 주관과 선입견이 반영될 수밖에 없기에, 기록이 객관적 사실에 접근하는 것은 결코 쉽지 않습니다.

먼 옛날 배를 타고 일본으로 건너가다가 풍랑을 만나 조선에 표류하게 된 선교사가 한 명 있었습니다. 《하멜표류기》라는 책을 쓴 네덜란드인 하멜이었죠. 그는 거의 십사 년을 조선에서 보냈습니다. 이후 본국으로 돌아가 조선에서 겪은 일들을 기록했는데, 그의 글 속에 묘사된 조선은 아주 나쁜 나라였습니다. 글의 거의 대부분이 부정적인 내용들이었지요. 물론 당시 조선과 네덜란드의 문화는 정말 달랐습니다. 네덜란드 기준에 입각해 조선을 보았다면 모든 것이 부정적으로만 보였을 수도 있죠. 하지만 아마 그의 부정적 묘사에는 당시 그가 처해 있던 상황도 한몫을 했을 겁니다. 풍랑을 겪고 도착했기에 그는 뱃멀미와 질병 등에 시달리고 있었고, 당시로서는 너무도 낯선 외모를 가지고 있었기에 대다수의 사람들이 그를 경계해 심지어 심문을 받고 감금되기까지 했다고 합니다.

우리도 가끔 낯선 나라로 여행을 가면 선입견에 사로잡혀 그 나라의 풍습을 있는 그대로 받아들이지 못하는 경우가 있지요? 또한 아무리 좋은 곳으로 여행을 가도 몸이 아파 고생을 하거나 일행과 사이가 좋지 않아 마음고생을 하면 주변 풍경이나 경치를 별로 아름답게 느끼지 못하기도 합니다. 만약 여행기를 쓴다면 다녀와서는 이렇게 당시의 상황을 떠올리며, 조금은 객관적으로 그곳을 바라볼 수 있게 될 테지만 그곳에서라면 자신도 모르게 선입견에서 벗어나지 못한 채, 당시의 기분과 느낌에 사로잡혀 글을 쓰게 될 것입니다. 즉 기록에는 한계가 있을 수밖에 없습니다. 그러니 역사를 기록하는 사람이라면 최대한 중립적인 입장에 서서 자신이 보고 듣고 경험한 것을 기록하려 노력해야 할 것입니다. 기록된 역사를 읽는 사람들은 기록이 가지는 한계를 인지하고 기록된 내용이 얼마나 객관적인지 꼼꼼히 따져 보며 읽어야겠지요.

일찍이 아리스토텔레스라는 철학자는 사실에 공정하게 접근하기 위해서는 '제2의 항해'를 해야 한다고 주장했습니다. 만약 배를 타고 가다가 소용돌이에 휘말리게 됐다고 가정해 봅시다. 그 소용돌이 한복판에서 배 안에서 일어난 일들을 기록한다면, 그 기록을 과연 객관적이라 말할 수 있을까요? 아마 당황한 기록자는 불안과 긴장 속에서 사실을 보게 될 것이고 자신에게 유리한 내용들을 위주로 기록을 남길 것입니다. 아리스토텔레스가 말하는 제2의 항해란 바로 소용돌이에서 벗어나 평온한 바닷가로 나가 하는 항해를 뜻합니다. 소용돌이가 지나고 나서야 비로소 사태를 보다 냉정하게 바라볼 수 있게 될 거라는 의미죠. 역사가도 마찬가지입니다. 감정의 소용돌이가 일어나고 있는 상황에서 기록해서는 안 되고, 모든 것이 안정된 상태가 되었을 때 흥분된 마음을 가라앉히고 기록해야 합니다.

철학자 헤겔도《법철학》이라는 책을 통해서 "미네르바의 부엉이는 황혼 무렵에야 날개를 퍼덕인다"라는 말을 했습니다. 이 또한 역사가의 태도에 관한 말이지요. 낮의 소용돌이, 즉 요란한 사건들이 벌어지는 낮이 지나 소란스러운 것들이 모두 사라지고 조용하게 생각할 수 있는 밤이 되어서야, 비로소 낮에 일어났던 사실을 담담히 바라볼 수 있게 되고, 객관적으로 접근해 기록할 수 있게 된다는 의미입니다. 역사가는 이런 정신을 가지고 서술해야 합니다. 역사를 읽는 우리 역시 보다 냉철한 태도로 역사가들이 치우쳐 말하는 부분은 없는지 가려내 가며 읽을 수 있어야 할 것입니다.

역사적 사실에 최대한 객관적으로 접근해야만 하는 이유는, 후대 특정한 사람들이 역사를 자의적으로 이용하는 일이 없도록 하기 위함이라고도 할 수 있습니다. 역사는 특정인들에 의해 새롭게 변질되기도 하지요. 지금 일본의 일부 정치인들이 하고 있는 것처럼 말입니다. 따라서 그 가능성을 막기 위해서라도 역사를 기록하는 역사가는 과거의 사실에 최대한 객관적으로 접근해야 합니다.

객관적인 역사는 없다

하지만 하멜의 예를 들어 설명했듯이 기록하는 사람은 결코 자신이 처한 상황이나 편견에서 완전히 벗어날 수가 없습니다. 역사란 분명 사실 그대로, 객관적으로 서술되어야 하는 것이지만 어쩔 수 없이 역사가는 특정한 상황과 문화적 배경의 영향 아래서 글을 쓸 수밖에 없지요. 또한 이미 익숙해져 있는 자신만의 언어적 습관에서도 자유로울 수 없습니다. 그렇기 때문에 모든 기록된 역사에는 어쩔 수 없이 특정인의 주관이 반영됩니다.

그리고 아무리 객관적으로 기록된 역사라도, 즉 최대한 주관을 배제하고 기록한 역사라도 역사를 읽고 이해하는 사람은 늘 그 글을 자기 상황에 맞게, 현재의 관점에서 재해석해 받아들이지요. 따라서 모든 해석되는 역사에 역시 특정인의 주관이 반영됩니다. 과거의 어떤 한 사건은 현재라는 새로운 상황에서, 해석하는 사람이 누구냐에 따라 훌륭한 사건으로도, 치명적인 실수로도 해석될 수 있습니다.

역사 시간에 조선 후기 흥선대원군의 쇄국정책에 대해 배운 적이 있을 겁니다. 여러분은 그 정책을 어떻게 평가하시나요? 대원군의 정책은 옳은 것이었나요, 아니면 잘못된 것이었나요? 당시 대원군이 펼쳤던 정치는 백 년이 넘게 지난 오늘날까지도 결코 한 방향으로 평가되지 않습니다. 세계화에 긍정적이고 과거 우리나라가 조금 더 빨리 개방되었다면 지금보다 더 나은 모습으로 성장했을 거라 생각하는 사람들은 대원군이 치명적인 실수를 했다고 이야기하지요. 하지만 준비 없는 세계화는 지금도 지양해야 하는 일이며 개방은 언젠가는 이루어졌을 일이니 굳이 비자발적 개방은 하지 않았어도 되었을 거라 주장하는 사람들은 대원군이야말로 훌륭한 자질을 가진 정치인이었다고 평가합니다. 같은 역사책으로 같은 구절을 읽으며 같은 역사적 사실을 배워도, 해석은 이렇게 사람에 따라 달리할 수 있습니다. 즉 우리는 역사가의 저술을 읽으며 기록된 사실만을 받아들이는 것이 아니라, 기록된 사실을 읽고 해석하는 자신의 생각까지 함께 받아들입니다. 과거의 일과 현재의 삶을 함께 생각하는 것이지요.

사실 과거의 사실은 그 자체만으로는 현재의 나와 아무런 상관이 없습니다. 그 사실이 나에게 의미 있는 '역사'가 되기 위해서는 내가 그 사실을 '해석'해야만 하지요. 일어날 당시에는 어떤 의미가 있었는지, 지금 나에게는 어떤 의미가 있는지, 미래의 삶에서는 어떤 의미가 있을지가 전제되어야만 과거의 사실은 역사가 될 수 있습니다. 실제로 과거의 여러 사실들 중 자신이 중요하다고 인정하는 부분만을 역사로 인식하고 기록한 역사가들도 많습니다.

기록된 서양철학의 역사를 보면, 탈레스가 가장 처음으로 등장합니다. 이는 철학사를 기록한 아리스토텔레스가 탈레스를 '신화적 사유를 뛰어넘어 처음으로 합리적 사고를 했던 인물'로 묘사했기 때문입니다. 아리스토텔레스에게 철학이란 무언가를 '놀람의 시선'으로 바라보고 그것을 합리적으로 설명하는 데서 시작하는 것이었습니다. 그랬기 때문에 탈레스를 철학의 아버지로 보았던 것입니다. 만약 '철학이란 언어를 매개로 자연을 묘사하고 자기만의 상상의 세계를 펼치며 타인들과 소통하고 대화하는 데서 시작하는 것이다'라는 관점을 가진 이가 철학사를 기록했다면, 이미 고대 신화가 기록되는 가운데서 철학의 역사가 시작되었을 것입니다.

'철학은 과학적 사유에서 시작한다'라고 주장했던 이들도 있었습니다. "아는 것이 힘이다"라는 불멸의 명언을 남긴 과학철학자 베이컨이 대표적인 인물이었지요. 그는 자신의 저서 《신기관》에서 "고대 그리스의 자연철학자들이야말로 자연에 대해 진지하게 고민하고 체계적인 설명을 했던 과학의 원류다"라고 이야기했습니다. 포퍼라는 철학자는 파르메니데스라는 소크라테스 이전의 인물을 서양과학의 발전에 가장 중요한 역할을 한 인물 중 한 명이었다고 평가합니다. 아마 이들이 철학사를 기록했다면, 서양철학의 역사는 지금보다 한참 이전에 시작된 것으로 논의되고 있을 겁니다.

이렇게 역사를 기록하는 사람은 늘 자기가 살고 있는 시대에서, 자기 관심으로 과거의 사료들 중 일부만을 취사선택합니다. 그리고 자기 목적에 맞게 선택한 사실들을 재배치하고 다시 기록합니다. 그렇다면 정말 '객관적' 역사란 존재할 수 없는 것이 아닐까요? 오로지 주관적으로 해석되어 주관적으로 기록되는 역사들만이 존재하고 있는 것 아닐까요? 엄밀히 말하면 그렇다고 해야 할 것 같습니다. 19세기 독일의 역사학자 랑케가 주장했던 '객관적인 역사'는 단지 이상일 뿐, 유한한 인간이 실제로 접근할 수는 없는 영역입니다.

그러니 역사적 사실에는 최대한 객관적으로 접근해야 한다는 생각을 갖는 것도 중요하지만, 모든 역사적 사실은 해석될 운명 가운데 있고 다양하게 해석될 가능성이 있다는 것을 아는 것 역시 중요합니다. 다만 그 해석이 얼마나 사실에 기반을 두고 있는지, 해석되는 과정에서 비약이나 왜곡은 없었는지는 늘 잘 따져 보아야 하지요. 모든 해석이 다 정당한 것은 아니니까요. 앞서 일본의 역사 왜곡 문제를 통해 살펴보았듯이 잘못된 역사 해석에 입각해 역사를 왜곡하는 이들이 있습니다. 그들의 행동은 결코 정당한 것으로 보기 힘들지요. 다양성이라는 이름으로 인정해서는 안 되는 해석들이 분명히 있습니다. 따라서 무수히 많은 역사 해석 가운데서 이러한 것들을 골라내 비판적으로 고찰하고 바로잡는 일이야말로 역사를 배우는 우리가 앞으로 해야 할 일이라 할 수 있을 것입니다.

할머니의 옛날이야기를 들어 보자

"역사가의 임무는 과거의 사실이 어떠했는지 '생생하게' 보여주는 것이다." 역사가는 역사적 사실에 최대한 객관적으로 접근해야 하며, 최대한 자기 주관을 배제하고 역사를 기록해야 한다고 주장했던 독일의 역사가 랑케가 한 말입니다. 그런데 가끔 역사적 사실을 배경으로 하는 영화를 보면, 영화가 역사책보다 훨씬 더 생생하게 역사 이야기를 들려주고 있는 것 같다는 인상을 받지요. 영화만이 아니라 소설, 과거의 사건들을 경험한 할머니들의 인터뷰 등을 통해서도 비슷한 느낌을 받을 때가 있습니다. 즉 우리는 역사적 사실이나 사상 등을 통해서만 역사에 접근할 수 있는 것이 아니라 과거를 배경으로 하는 문학작품 혹은 과거 한 시대를 직접 살았던 어른들의 체험을 통해서도 역사에 접근할 수 있습니다. 때로는 그런 개인의 경험이 더욱 생생한 역사적 사실로 다가올 때가 있지요.

전쟁이라는 역사적 사건에 대해 이야기를 한다고 가정해 봅시다. 역사가는 가장 먼저 전쟁이 일어난 시기와 당시의 주변 정세, 전쟁의 직접적인 원인과 이후의 경과, 결말 등을 사료에 입각해 체계적으로 짜임새 있게 설명할 것입니다. 반면 전쟁을 겪고 기억에 의존해 당시 일을 설명하는 사람은 마치 어제 일을 이야기하듯 자기 눈에 보였던 것들과 들려 왔던 것들을 위주로, 자기 기준에서

가장 충격적인 일들부터 이야기하겠지요. 어쩌면 그 사람은 전쟁이 왜 일어났는지, 접전은 어느 곳에서 가장 치열했는지, 누가 승리했는지는 전혀 모를 수도 있습니다. 아무런 관심도 없을 수 있죠. 그에게 전쟁은 그저 자기 삶 속에서 충격적으로 기억되는 하나의 사건일 뿐이니까요.

실제로 역사가는 역사를 이렇게 두 가지 방식으로 서술할 수 있습니다. 전쟁이라는 역사적 사건의 모든 과정을 미네르바의 시선으로 보고 알기 쉽게 객관적으로 서술할 수도 있고, 내가 내 몸으로 겪은 전쟁을 이야기 형식으로 풀어쓸 수도 있지요. 전자를 **사실로서의 역사**, 후자를 **체험** 혹은 **기억으로서의 역사**라고 합니다. 전자는 객관적이기는 하지만 생생한 체험을 담지 못합니다. 반면 후자는 생생하지만 객관적이지 못하죠. 실제로 독일어에는 역사를 지칭하는 단어가 두 개입니다. 사실로서의 역사는 '게시히테Geschichte', 기억으로서의 역사, 이야기로서의 역사는 '히스토리Historie'라고 부릅니다. 두 역사는 동일한 사건을 다루지만 읽는 사람으로 하여금 굉장히 다른 방식으로 역사적 사실에 다가서게 합니다.

사실 역사는 인간의 역사이기에 그 출발 지점은 늘 개인의 체험입니다. 여러 개의 작은 이야기로서의 역사가 모여 하나의 큰 사실로서의 역사를 이루죠. 누군가는 이야기로서의 역사는 객관성 없는 주관적 이야기일 뿐이라며 그 중요성과 의의를 과소평가합니다. 하지만 여러 이야기 중 역사가 되는 이야기는 대개 인류 보편의 체험에 입각해 있습니다. 수많은 사람들의 보편적인 경험 이야기라는 점에서 이야기로서의 역사는 조금 다른 의미의 객관성을 지니지요. 어쩌면 이성적인 설명보다 더 객관적일 수도 있습니다. 다만 이런 이야기는 '모든 인류는 보편적인 생의 체험을 한다'는 전제가 있어야만 할 수 있는 이야기입니다. 또한 때로는 하나의 역사적 사실이 서로 다른 문화권에 속한 사람들에게는 각각 다르게 비춰질 수 있고 다른 이야기로 서술될 수 있는데, 그 차이를 간과할 때만 가능한 이야기지요.

하지만 그럼에도 이야기로서의 역사가 가지는 의의는 결코 작지 않습니다. 19세기 독일의 철학자 딜타이는 "역사는 삶으로 이해해야 한다"라고 이야기 했습니다. 그리고 개인이 자신의 과거를 기억하려는 차원에서 남겨둔 고백록과 참회록 같은 기록물을 통해 역사적 사실에 접근하려고 했죠. 실제로 톨스토이, 괴테, 성 아우구스티누스, 루소 등의 고백록을 보면 그들이 살았던 시대의 세계관과 시대적 세계관에 대한 작가의 견해를 여실히 읽어 낼 수 있습니다. 지극히 개인적인 기록물로도 아주 구체적인 역사를 추론해 낼 수 있는 것입니다. 이렇게 과거를 경험한 이들의 이야기는 그 자체로 체험으로서의 역사가 될 수 있습니다. 할머니가 들려주는 옛날이야기가 곧 우리의 역사일 수 있는 겁니다.

비록 과거의 일이지만 할머니가 들려주는 이야기 속에는 수많은 삶의 지혜가 들어 있습니다. 결국 역사를 배우는 가장 큰 이유는 그 삶의 지혜를 지금 나의 삶에 적용하기 위해서라고 할 수 있죠. 그 지혜를 통해 지금 나의 삶과 현재의 나를 조금 더 제대로 이해하기 위함입니다. 미래의 삶을 대비하기 위함이기도 하죠. 미래를 위해서는 앞을 향해 쉬지 않고 달려가는 것도 중요하지만, 도움닫기를 위해 잠시 뒤로 물러나야 할 때도 있습니다. 그렇게 물러나 과거의 지혜를 배우고 나면 틀림없이 더 멀리, 더 높이 뛸 수 있을 것입니다.

더 깊이 생각하게 하는 책들

역사철학강의

게오르그 빌헬름 프리드리히 헤겔 지음, 권기철 옮김, 동서문화사, 2008.

'인류의 역사는 자유 확대의 역사'라고 주장했던 철학자 헤겔의 역사철학 강의. 방대한 사료를 바탕으로 서양 국가들만이 아니라 중국을 비롯한 동양 국가들의 역사까지 다뤘다. 헤겔만의 독특한 사관이 엿보이는 책이다.

역사를 위한 변명

마르크 블로크 지음, 고봉만 옮김, 한길사, 2007.

《봉건사회》라는 책으로 유명한 블로크가 "아빠, 도대체 역사란 무엇에 쓰는 것인지 설명 좀 해 주세요"라는 아이의 질문에 답하기 위해 썼다고 전해지는 책. 미완성 작품이기는 하나, 역사가의 열정과 깊은 문제의식, 용기 있는 태도 등을 넘치게 담고 있다. 프랑스에서는 역사를 공부하고자 하는 사람이라면 반드시 읽어야 하는 책으로 꼽힌다고 한다.

역사란 무엇인가

에드워드 H. 카 지음, 김택현 옮김, 까치, 2015.

20세기를 대표하는 역사가라 평가받는 카의 가장 유명한 저서. 19세기에 정립된 실증사학의 문제점을 지적하며, 역사적 사실만큼이나 역사가의 관점과 후대의 평가도 중요하다는 점을 강조한다. '역사란 역사가와 사실 사이의 부단한 상호작용이며 현재와 과거의 끊임없는 대화'라는 글쓴이의 역사관이 고스란히 드러나 있다.

곰브리치 세계사

에른스트 H. 곰브리치 지음, 클리퍼드 하퍼 그림, 박민수 옮김, 비룡소, 2010.

오스트리아 출신의 미술사학자 곰브리치가 '할아버지의 입장에서 손자들을 위해 쉽게 쓴' 유럽 역사 이야기. 책의 머리말에 벌써 "이 책은 학교 역사 교과서 대신으로 쓴 책이 아니니, 필기를 하고 이름이나 연대를 외워야 한다는 부담 없이 느슨한 마음으로 읽어 나가기 바란다"는 글쓴이의 의도를 명시해 두었다. 유럽 중심으로 서술된 역사라는 점이 조금 아쉽지만, 어쨌든 유럽 역사를 쉽게 익히기에는 매우 좋은 책이다.

하멜표류기

헨드릭 하멜 지음, 김태진 옮김, 서해문집, 2003.

하멜이라는 네덜란드인이 제주도에 표착해 약 십사 년간 조선에서 머무르며 겪었던 일들을 기록한 기록문이자 보고서. 조선과는 완전히 다른 사회에서 자란 외국인이 본 당시의 조선 사회와 조선인들에 대한 이야기가 수록되어 있다. 같은 시대를 기록한 국내 역사서와 비교해 가면서 읽는다면, 역사라는 것이 쓰는 사람에 따라 얼마나 다르게 묘사될 수 있는지를 몸소 느낄 수 있을 것이다.

한국과 일본, 그 사이의 역사

한일공통역사교재 제작팀 지음, 휴머니스트, 2012.

한국의 역사 교사와 일본의 역사 교사가 함께 쓴 한일 공통 역사책. 같은 역사적 사실을 다르게 배우고 있는 한국과 일본의 청소년들에게 동일하게 알아야 할 필요가 있는 역사 이야기를 동일하게 들려주기 위해 쓴 책이라고 한다. 한국 청소년들이 꼭 알아야 할 일본의 역사, 일본 청소년들이 꼭 알아야 할 한국의 역사도 함께 다루고 있다.

사랑

이 세상에 사랑은 왜 필요할까요?

서동은

"너희 나이 때 하는 사랑이 사랑이니?"
"사랑이 뭔지는 아니?"
훌쩍 자란 초등학교 친구와 교제를 시작했다고 하니 제 주변 어른들은 하나같이 이런 말씀들을 하십니다. 애인도 없고 결혼도 안 한 우리 이모까지 말이죠. 아니, 어려서 사랑을 모른다니! 이해도 안 되고 기분 나쁜 말입니다. 저도 충분히 느끼고 있어요. 이 친구를 만나면 느껴지는 감정이 다른 친구를 만났을 때와는 많이 다르다는 것, 부모님께도 종종 사랑한다고 말하지만 이 친구에게 말하는 사랑과 그 사랑은 조금 다르다는 것을요. 그냥 설명하기가 힘들 뿐이죠. 그래서 요즘은 사랑이 뭔지, 조금 어려워도 누가 설명 좀 해 줬으면 좋겠어요. 제가 느끼는 감정이 사랑이 맞는지 확인도 해 보고 싶고, 부모님께 말하는 사랑과 이 친구에게 말하는 사랑이 어떻게 다른지 저도 멋지게 설명해 낼 수 있게 말이에요.

진정한 사랑이란

사랑에는 여러 종류가 있습니다. 부모님과 자식 사이의 사랑도 있고, 연인 사이의 사랑도 있으며, 친구 사이의 사랑도 있죠. 모두 '사랑'으로 불리지만, 그 방향과 관계의 모양에 따라 때로는 서로 다른 이름으로 불리기도 합니다. 부모님이 자식을 사랑하는 것은 자애慈愛 혹은 인仁, 자식이 부모님을 사랑하는 것은 효孝라고 하죠. 연인 사이의 사랑은 흔히들 에로스eros라고 부릅니다. 친구 사이의 사랑은 우정이라고 하지요. 우리는 태어나서 가족을 만나고, 자라면서 또래 친구와 함께 어울리며, 커서는 배우자와 함께 삽니다. 이렇게 여러 사람들을 만나고 그 사람들을 사랑하며 살아가지요. 지금은 주로 또래 친구와 가장 많이 소통하며 그들과 가장 많은 사랑을 나누는 때인 것 같습니다. 대부분의 시간을 학교에서 보내는데, 학교에 가면 자연히 친구를 사귀게 되니까요.

친구를 사귀면 좋은 점이 많지만 때로는 불편한 일도 생깁니다. 수업이 끝나 집에 갈 때 말동무가 되어 줄 친구가 있으면 외롭지 않아 좋지만, 해야 할 일을 빨리 끝내지 못해 갈 시간이 지났는데도 머뭇거리는 친구가 있으면 그 옆에 서서 친구를 기다려야 하는 수고로움이 생기기도 하지요. 내가 좋아하는 것을 친구도 좋아하면 좋아하는 일을 함께하며 재밌는 시간을 공유할 수 있지만, 나는 조금도 관심 없는 일에만 흥미가 있는 친구를 만나면 하기 싫은 일을 억지로 해야 할 때도 있습니다. 친하게 지내다가 소원해지거나 서로 다퉈 헤어지게 되는 친구가 생기면 어느 때보다도 마음이 아프죠. 그럴 때는 종종 '친구라는 게 정말 필요한 걸까? 필요할 수는 있겠지만 친하게 지낼 필요까지는 없지 않을까?'하는 생각이 들기도 합니다. 과연 친구란 무엇일까요? 친구와는 어떤 사랑을 나눠야 좋을까요?

일찍이 고대 그리스의 철학자 아리스토텔레스는 "친구란 어렸을 때는 실수를 하지 않도록 도와주고, 나이가 들어서는 필요한 것을 채워 주거나 힘들어서 혼자 할 수 없는 일들을 도와주며, 한창 때는 좋은 일을 하도록 자극을 주는 사람이다"라고 말했습니다. 무슨 일이든 친구와 함께한다면 혼자 생각해 하는 것보다 훨씬 더 잘 해낼 수 있을 거라면서 말이에요. 더불어 진정한 우정에 대해서도 말했습니다. 우정에는 세 가지 형태가 있다고 했지요. 서로 즐거움을 나누는 우정, 서로에게 이익이 될 때만 유지되는 우정, 서로를 훌륭한 성품으로 대하고 인정하며 도움을 주고받으며 쌓아 가는 우정. 셋 중 그가 진정한 우정이라 생각한 것은 무엇이었을까요?

꼭 뭔가를 할 때만 만나게 되는 친구가 있지요. 가령 같은 게임을 좋아하고 게임 실력도 비슷해 게임할 때 늘 생각나는 친구라든지, 같은 가수와 같은 노래를 좋아해 노래를 부르거나 들을 때만 같이 있게 되는 친구 말입니다. 이런 친구를 만나면 늘 즐겁습니다. 함께 놀다 보면 시간 가는 줄도 모르게 되죠. 그렇지만 그 친구들과 오랫동안 친하게 지내기는 힘들 수도 있습니다. 게임하고 노래할 때만 친하게 지냈기 때문에 게임이나 노래가 없으면 곧 관계가 어색해지고, 더 깊은 관계로는 발전하기 쉽지 않지요.

서로에게 이익을 줄 수 있는 한에서만 유지되는 친구 관계도 있습니다. 공부를 잘하는 친구라 곁에 있으면 좋은 성적을 받는 데 도움이 될 것 같아 사귄 친구나, 유명하거나 멋있는 부모님을 둬

친해지면 뭔가 좋은 영향을 받을 수 있을 것 같아 가까이하게 된 친구, 늘 최신형 노트북과 게임기를 가지고 있어 함께 있으면 나도 그 번쩍번쩍한 기계들을 가까이서 만져 볼 수 있으니 멀리할 수 없는 친구 등 정말 '필요에 의해' 사귀게 된 친구들이 있습니다. 이런 친구들과의 우정 역시 오래 유지되기는 힘들죠. 그 친구가 주던 이익이 필요 없어지는 순간 친구도 필요 없다고 생각하게 될 수 있으니까요.

사실 이익과 필요를 위해 친구를 사귀는 사람은 참 많습니다. 흔히 '인맥 관리'가 중요하다고 말하는 사람들이 있지요. 그렇지만 이익만을 위해 모인 사람들 간의 관계를 돈독할 거라 보기는 힘듭니다. 부모님이 다니고 계신 회사도, 한 달에 한 번 열리는 아파트 반상회도, 주말이면 함께 모여 양로원으로 고아원으로 일손을 도우러 가는 자원봉사단체도 모두 저마다의 '이익'을 위해 모인 사람들의 집단입니다. 이런 모임들은 함께 추구하던 이익이 없어지면 언제든지 없어질 수 있습니다. 그러니 그 안에서 맺어지는 관계들 역시 마찬가지겠지요.

마지막으로 훌륭한 성품으로 서로에게 선을 베풀며, 서로의 모습을 닮아 가려 노력하면서 이루어진 친구 관계가 있습니다. 선한 마음 씀씀이를 주고받으며 진정으로 서로를 위하고, 서로의 기쁨과 슬픔을 함께 나누는 친구들 간의 관계가 그것이지요. 이런 관계는 앞서 예를 든 두 관계와 달리, 친구의 품성이 변하지 않는 한 오래 지속될 수 있습니다. 좋아하는 일이 서로 달라도, 멀리 떨어져 살아 쉽게 만나지 못해도 관계가 쉽게 소원해지지 않지요.

여러분은 어떤 친구를 사귀고 싶나요? 친구들과 어떤 우정을 나누고 싶은가요? 오늘날 우리는 즐거움 혹은 이익을 기준으로 친구를 사귈 때가 많습니다. 취미가 같거나 도움이 될 만한 사람을 중심으로 관계를 만들어 가지요. 물론 처음에는 그럴 수 있습니다. 대개 새로운 만남은 그렇게 이루어지는 경우가 많으니까요. 하지만 그것만으로 오랜 우정을 이어 가기는 아마 어려울 겁니다. 오랜 우정, 진정한 우정이란 오로지 서로의 성품을 보고 그것을 존중하며 서로를 닮아 가고자 노력하는 이들만이 나눌 수 있는 겁니다. 아리스토텔레스가 말한 진정한 우정이란 바로 이런 우정이었지요.

운명적인 사랑에 빠져 사랑받기만을 기다리는 사람들

오랜만에 만난 이성 친구가 사뭇 달라 보이며 친구가 건넨 인사에 마음 설렜던 적이 혹시 있나요? 예전엔 그저 친근한 같은 반 친구였지만 이제는 말 걸기조차 쑥스러워 괜히 무뚝뚝하게 대하고, 헤어지고 나면 그랬던 행동이 후회돼 친구의 모습이 자꾸만 떠오르는, 그런 경험을 해 본 친구들이 아마 많을 겁니다. 이상한 감정이 아닙니다. 지금 같은 시기에 얼마든지 생길 수 있는 마음이죠. 하지만 마음 쓰이는 그 친구와 교제를 시작하는 건 생각만큼 쉽지가 않을 겁니다. 공부에 방해될까 봐 이성 친구는 나중에 대학 가서 사귀라고 하는 부모님의 잔소리도 신경 쓰이고, 교제를 시작하게 된다면 뭔가 멋진 사랑을 하고 싶은데 사랑이 뭔지, 어떻게 사랑해야 하는지 아직 잘 모르니까요.

사실 이성 친구와의 사랑도 동성 친구와의 사랑과 크게 다르지 않습니다. 앞서 언급한 세 가지 형태의 우정은 이성 친구 간에도 적용할 수 있는 이야기지요. 다만 나와는 다른 성 정체성을 가진 친구는 내가 가지지 못한 점이나 익숙하지 않은 감정 표현 방식 등을 갖고 있을 수 있습니다. 그러니 교제를 시작하면 상대를 통해 그런 차이점들을 깨닫게 되겠죠. 서로 사랑하며 자연스럽게 다른 성에 대해서도 배우게 될 것입니다.

그런데 문제는 오늘날 우리 주변에, 이성 간의 사랑에 대한 잘못된 생각을 가진 이들이 정말 많다는 것입니다. 《사랑의 기술》이라는 책으로 유명한 프롬이라는 철학자는 자신의 저서를 통해 현대인의 잘못된 사랑의 방식에 대해 말한 적이 있습니다. 이성에 대한 이야기를 하며 우리는 곧잘 "이상형이 뭐니?", "어떤 스타일이 좋아?"와 같은 질문을 서로 주고받습니다. 그리고는 크게 다르지 않게 외모 이야기부터 늘어놓기 시작하지요. 키는 어느 정도가 되었으면 좋겠고 얼굴은 누구를 닮았으면 좋겠다, 성격은 너무 착한 것도 싫고 그렇다고 모난 것도 싫다, 이런 식으로 말입니다. 프롬은 이처럼 오늘날 많은 사람들이, 사랑의 대상을 마치 시장이나 백화점에 진열되어 있는 물건처럼 생각한다는 점을 지적했습니다. 수많은 사람들 가운데 자기 마음에 쏙 드는 사람을 골라 그 사람과 사귀는 것을 사랑이라고 생각한다는 것입니다. 키는 무조건 커야 한다는 강박에 매여 있는 사람들, 아름다운 몸매를 위해 무리한 식단조절과 지나친 운동을 감행하는 사람들, 이 모든 사람들의 생각과 행동의 밑바닥에는 사랑은 마치 물건을 사는 것처럼 가장 마음에 드는 상대를 선택하고 선택받는 것이라는 생각이 숨어 있습니다.

이렇게 된 데는 대중매체의 영향이 가장 컸죠. 남녀 간의 사랑을 주제로 하는 수많은 드라마와 영화가 사람들로 하여금 '우리도 언젠가 영화배우 같은 사람을 만나 드라마 같은 사랑을 할 수 있을거야'라고 기대하게 만들었습니다. 때문에 자기 주변 사람들을 돌아보고 그들을 사랑하기보다, 이상적인 사랑만을 꿈꾸며 외모부터 가꾸려 노력하게 되었죠. 그리고는 사랑에 빠지기만을 기다리게 되었습니다.

오늘날 많은 사람들이 '사랑에 빠진다'는 표현을 씁니다. 사랑을 어떤 순간의 감정, 하지만 한 번 시작되면 영원히 지속될 감정이라고 생각하는 겁니다. 마치 큐피드의 화살을 맞아 사랑에 빠지는 그리스신화 속 인물들처럼, 현실에서도 어느 날 갑자기 심장에 사랑의 화살을 맞아야만 사랑을 시작할 수 있다고 생각하는 겁니

다. 비현실적인 이야기지요. 설령 그런 감정을 느낀다하더라도 그것은 일시적인 감정일 뿐 진정한 사랑과는 거리가 있습니다. 누구나 기분에 따라 순간적인 감정에 휩싸일 때가 있지요. 하지만 어느 한순간의 감정이 계속해서 지속되기는 쉽지 않습니다. 많은 사람들이 그 감정을 사랑이라 여기고 교제를 시작하지만 그런 관계는 오래 가지 않아 변하고 말죠. 그러면 서로 실망하여 다투기도 하고 헤어져 버리기도 합니다.

한편 '사랑은 받는 것'이라 생각하는 사람들도 적지 않습니다. 내가 먼저 능동적으로 상대방을 사랑하기보다는 상대방이 먼저 나를 사랑해 주기를, 그렇게 사랑받기만을 기다리지요. 그런데 늘 이렇게 받는 일만을 생각하면, 사랑받고 있다는 느낌을 느끼지 못하게 되는 순간 상대방의 사랑이 식었다고 생각하게 됩니다. 많은 연인들이 이렇게 헤어지게 되죠. 서로에게 너무 많은 것을 기대하고 그 기대가 실현되지 않아 서로에게 실망하며 말입니다. 이런 사람들은 사랑이란 받는 데 있는 것이 아니라 주는 데 있다는 사실을 망각하고 있는 것입니다. 프롬은 사랑은 "사랑할 수 있는 능력"이라고 말했습니다. 상대방의 외모나 능력보다 그가 가진 훌륭한 성품과 인격을 먼저 보고 존중할 줄 알며, 혹 약점이 있어도 있는 그대로 그 사람을 인정해 줄 수 있는 능력이 바로 사랑입니다.

잘못된 사랑의 예만 들다 보니 사랑하는 것이 무척 힘든 일처럼 느껴지나요? 그럴 수 있습니다. 남녀 간의 사랑도, 친구들 간의 우정도 자신의 인격을 성숙하게 하는 일과 맞닿아 있으니 결코 쉬운 일이라 할 수 없지요. 그래서 사랑하기에 앞서서는 반드시 준비가 필요합니다. 그 첫 번째 단계는 바로 건강한 자존감을 갖는 것입니다. 자기 자신을 사랑하고 존중하는 마음을 자존감이라고 합니다. 자신을 사랑하지 못하는 사람은 결코 타인도 사랑할 수 없습니다. 따라서 사랑의 첫 걸음은 스스로 자기가 사랑할 수 있는 사람의 모습을 갖추는 것입니다. 지금 자기가 가진 인격보다 더 좋은 인격과 더 훌륭한 품성을 가지려 노력하고, 그런 자신의 모습을 사랑할 때 비로소 멋진 사랑을 할 수 있게 될 것입니다.

사랑을 배우는 최초의 공간

가족은 내가 태어나 최초로 만나는 사람들입니다. 내가 맺는 최초의 관계 역시 가족 관계지요. 우리는 어머니 아버지의 사랑 속에서, 형제자매와의 우애 속에서 여러 가지 사랑을 배워 나갑니다. 우정도 사랑도 자존감도 가족이라는 범주 안에서 처음으로 형성되지요.

가족의 모습과 가족 내 질서는 대개 사회 문화의 영향을 많이 받습니다. 과거 우리나라는 유교 전통을 따르는 농경 사회였지요. 농경 사회에서는 아버지를 중심으로 가족을 형성합니다. 그렇게 형성된 가족은 바로 하나의 노동력의 단위가 되기도 하죠. 유교 문화는 오랫동안 그런 농경 사회를 지탱해 주는 버팀목 역할을 해 왔습니다. 가부장의 권위를 중시하는 문화는 농사일의 책임자인 아버지의 입지를 굳건히 지켜 주었고, 효를 중시하는 경향은 자식들로 하여금 아버지가 짓는 농사를 최선을 다해 돕게 했지요.

과거 우리나라를 지배해 온 이 유교 문화는 지금도 여전히 사람들의 몸속에 자리하고 있습니다. 그래서 우리나라 가족의 모습과 가족 내 질서는 아직까지도 유교적 이상을 따르려는 경향을 가지고 있지요. 유교 전통은 가족 내에서 생기는 여러 관계는 서로 조금씩 달라야 한다고 가르칩니다. 그래서 각각의 관계를 지칭하는 이름도 모두 다르게 정해 놓았습니다. 가령 아버지와 어머니의 관계는 부부 관계, 아버지와 아들, 어머니와 아들의 관계는 부자 관계, 모자 관계라 합니다. 아버지와 딸, 어머니와 딸의 관계는 부녀 관계, 모녀 관계라 하지요.

그리고 아버지와 아들, 즉 부자는 친親한 관계를 유지해야 한다고 가르칩니다. 경전에서는 이를 부자유친父子有親이라 기록하고 있지요. 친한 관계 속에서 주고받는 사랑도 누가 누구에게 주느냐에 따라 다르게 부릅니다. 아버지가 아들을 사랑하는 것은 인仁 혹은 친親, 아들이 아버지를 사랑하는 것은 효孝라고 합니다. 같은 사랑이지만 맥락에 따라 이렇게 다른 이름으로 부르는 것입니다. 한편 아버지와 어머니, 즉 부부夫婦간에는 부부유별夫婦有別을 바탕으로 하는 관계가 형성되어야 한다고 가르칩니다. 남편은 남편으로서 본분이 있고 아내는 아내로서 본분이 따로 있으니 이를 잘 헤아려서 서로 침범하지 않고 잘 지켜야 한다는 말이지요.

유교 경전인 《대학》에는 수신제가치국평천하修身齊家治國平天下라는 말이 있습니다. 수신修身, 자신의 행실을 바르게 하는 것을 시작으로, 제가齊家, 가족을 이루어 가족 내에서 덕을 실천하고, 치국평천하治國平天下, 점차 그 사랑을 국가와 세계로 펼쳐 나가야 한다는 뜻입니다. 이것이 궁극적인 유교적 이상입니다. 오늘날 사회가 변화해 농경 사회가 쇠하고 상업 사회와 공업 사회가 도래함에 따라 대가족이 아닌 소가족 중심의 사회가 형성되면서 이런 유교적 이상은 점차 우리에게서 멀어지고 있습니다. 하지만 그럼에도 여전히 우리는 우리 정체성의 단위를 개인보다는 가족에 두고 있지요. 한국 사람들은 아직도 '내 집', '내 가족', '내 학교'보다는 '우리 집', '우리 가족', '우리 학교'라는 말에 더 익숙합니다. 규모는 축소되었지만 가족 공동체 내에서 관계 맺기를 배우고, 그 관계 속에서 자기 정체성을 형성해 나가는 과거의 습관이 여전히 우리에게 남아 있기 때문입니다. 그래서 물론 다른 문화권에서도 그렇겠지만 특히 유교 문화권에 속해 있는 우리나라에서는 대부분 사랑을 가족 내에서 가장 먼저 배웁니다. 부모님을 향한 효도, 또래 친구와 나누는 우정도, 이성과 나누는 사랑도, 자신을 향한 자존감도 결국 모두 가족 간의 사랑을 시작으로 쌓아 나가는 것입니다.

이 세상에 사랑이 필요한 이유

여기까지 우리는 크게 세 가지 종류의 사랑에 대해 살펴보았습니다. 친구들과 나누는 우정, 연인 사이에 주고받는 사랑, 가족 내에서 오가는 사랑. 조금씩 다른 사랑들을 생각해 보았지요. 이외에도 사제 간의 사랑, 종교적 차원의 사랑 등 다양한 형태의 사랑이 존재합니다. 그런데 한번 생각해 봅시다. 우리는 왜 이렇게 사랑하며 사는 걸까요? 이 세상에 사랑은 왜 필요한 것일까요?

일부 진화심리학* 자들은 사람들의 사랑은 동물 세계에서의 짝짓기 전략과 크게 다를 바 없다고 이야기합니다. 고대 그리스신화에서는 과거에는 한 몸을 이뤄 살았던 인간들이 떨어져 살게 되며 계속해서 서로를 그리워하다가 마침내 잃어버린 반쪽을 찾고 오래전 얻은 상처도 치유하기 위해 사랑을 하기 시작했다고 이야기하죠. 사랑을 '불안의 상태에서 벗어나기 위한 실존적인 해결책'이라고 보는 사람도 있습니다. 쉽게 말해 안정감을 얻기 위해 사랑한다는 의미입니다. 모두 한편으로는 일리 있는 이야기들입니다. 특히 특정한 사랑의 관계를 설명하는 데는 큰 도움을 줄 수 있는

* **진화심리학** – 심리학의 하위 분야로 인간의 마음과 행동을 진화론적 관점에서 설명하려는 학문이다. 대다수의 사회과학자들은 인간의 마음과 행동을 사회화의 산물로 본다. 하지만 진화심리학자들은 인간의 본성은 타고나는 것이며 인간의 행동에 영향을 미치는 심리의 작용이나 원리, 즉 심리적 기제도 생존을 위해 환경에 적응한 진화의 결과라고 주장한다.

이야기들이죠.

하지만 단순히 이렇게 생각해 보는 건 어떨까요? 우리가 사랑하는 진짜 이유는 인간이라는 존재가 원래부터 사랑 없이는 살 수 없는 동물이기 때문이라고요. 사실상 우리는 태어난 직후부터 꽤 오랫동안 부모님의 사랑을 받아야만 살 수 있습니다. 부모님과의 관계가 느슨해지면 친구나 타인과의 사랑이 깊어지기 마련이죠. 그 깊어진 사랑을 기반으로 새로운 가족이 형성되기도 합니다. 그 새로운 가족 속에서는 때로 새로운 생명이 태어나 새로운 사랑이 시작되기도 하죠. 이렇게 우리는 무언가를 사랑하지 않으면 살 수 없습니다. 누구도 사랑에서 벗어나 살기는 어려워 보입니다. 사랑을 하는 것은 쉽지 않은 일이지만, 사랑하지 않고 사는 것은 더욱 힘든 일입니다. 그렇기에 우리는 사랑하며 살 수밖에 없습니다.

더 깊이 생각하게 하는 책들

사랑의 기술

에리히 프롬 지음,
황문수 옮김,
문예출판사, 2006.

철학자이자 심리학자인 프롬의 가장 유명한 저서. 현대 자본주의사회를 살아가는 대다수의 사람들은 사랑이란 오랜 노력으로 얻게 되는 것이 아니라, 일순간 생겨나는 감정이라 생각하며 산다. 프롬은 사랑에 대한 이런 식의 이해를 어떻게 평가할까? 프롬이 생각하는 진정한 사랑이란 과연 무엇일까? 이런 궁금증들을 품고 읽어 내려가면 좋을 책이다.

니코마코스 윤리학

아리스토텔레스 지음,
김재홍·강상진·이창우 옮김,
길, 2011.

이천 년 넘게 서양 윤리학을 대표하는 고전으로 인정받고 있는 아리스토텔레스의 대표작. 행복한 삶, 중용의 행동에 대한 깊은 논의를 담고 있으며, 오늘날 우리가 고민하는 용기, 우정, 정의의 문제도 함께 다뤄 여러 가지 생각할 거리들을 제공해 주는 책이다.

침묵의 종교 유교

가지 노부유키 지음,
이근우 옮김,
경당, 2002.

유교 전통에서 가족의 의미는 무엇이고, 가족 관계라는 것이 어떻게 체계화되어 오늘날에 이르게 되었는지를 세세히 설명하는 책. 제사는 왜 지내며 제사를 비롯한 가족 내 관습들은 언제부터 있어 온 것인지도 설명했다. 유교를 종교의 관점에서 서술했지만, 전통적으로 유교 사상을 따르는 가족 내에서 가족 간 사랑이 어떻게 오가고 실현되는지를 이해하기에 큰 도움을 주는 책이다.

향연

플라톤 지음,
박희영 옮김,
문학과지성사, 2003.

'사람들은 왜 서로 사랑할까?'라는 물음에 대한 가장 오래된 대답이 이 책에 나온다. 고대 그리스인들이 한자리에 모여 나눈 사랑에 관한 이야기를 담아낸 책. 플라톤의 작품 중에서 가장 뛰어난 작품 중의 하나로 손꼽힌다.

사랑 예찬

알랭 바디우 지음,
조재룡 옮김,
길, 2010.

프랑스의 철학자 바디우의 사랑에 관한 담론. 여러 가지 사랑 중에 특히 남녀 간의 사랑을 주로 다뤘다. 오늘날 우리는 흔히 쉬운 사랑, 안전한 사랑, 모험 없는 사랑을 바란다. 하지만 글쓴이는 진정한 사랑에는 늘 위험과 모험이 따르며 때로는 고통도 배제할 수 없을 거라고 이야기한다. 쉽지 않은 내용이지만 진정한 사랑에 대해 많은 것을 배울 수 있게 도와주는 책이다.

사랑과 연애의 달인, 호모 에로스

고미숙 지음,
북드라망, 2012.

사랑과 연애에 대한 인문학적 접근. 서양철학과 동양철학, 동양의학까지 넘나들며 고전의 지혜를 사랑의 기술로 운용할 수 있는 방법을 전한다. 그러면서 제대로 된 사랑과 연애를 하기 위해서는 무엇보다 스스로가 자기 운명의 주인으로 튼튼히 서야 하며, 그러기 위해서는 반드시 자기 몸과 마음과 삶에 대해 열렬히 배워야 한다고 주장한다.

약

고통이 시작되는 곳

정대성

어른들은 늘 "나쁜 마음먹지 말고 착하게 살아야 한다"라는 말씀을 하십니다. 하지만 가끔은 '정말 착하게 사는 게 최선인가?'하는 마음이 들어요. 누가 봐도 이기적인 친구가 양보하느라 자기 건 아무것도 못 챙긴 착한 친구보다 얻어 가는 게 훨씬 많고, 어떤 변명을 해도 용서받지 못할 일을 한 친구들도 선생님 눈만 잘 피하면 벌은커녕 노력도 없이 좋은 결과를 받으니까요.
때때로 저는 보기만 해도 간이 철렁하는데 아무렇지도 않게 부정행위를 해서 너무나 쉽게 성적을 올리는 친구들이 보여요. 그러면 막 울화가 치밀어 오르고, '도대체 저 친구들은 어떤 생각을 하고 살기에 저렇게 나쁜 일을 눈도 깜빡 않고 하지?'하는 생각이 듭니다. 그 친구들 마음속엔 뭐가 들어 있을까요? 도대체 왜 그런 마음을 먹는 걸까요? 저는 절대 그런 마음을 먹을 일이 없을 것 같은데, 자꾸 이기적인 사람만 잘되는 모습을 보면 혹시 저도 생각이 바뀌어 그런 일을 하게 될까 봐 두렵습니다. 혹시 저 역시 충분히 그럴 수 있는 여지가 있는 사람일까요? 그 친구들와 저를 완전히 다른 사람으로 생각하는 건 순전히 제 착각일까요?

고통과 악

세상에는 악한 일, 참기 힘든 고통들이 너무나 많습니다. 길 가던 사람에게 무차별 폭행을 당해 치료하기 힘든 몸과 마음의 상처를 얻는 사람들도 있고, 종교가 다르다는 이유로 어느 날 갑자기 처음 보는 사람에게 살해당하는 사람들도 있지요. 역사 속에서 나치에 학살당한 유대인들은 유대인으로 태어났다는 이유만으로 영문도 모른 채 가스실에서 집단 죽음을 맞이했습니다. 일제강점기, 마을을 점령해 무차별 학살을 자행한 일본군에게 말로도 한 번 저항하지 못하고 죽어야 했던 우리 민족들도 있지요. 이런 고통은 도대체 왜 생겨나는 것일까요? 그렇게 죽어 간 사람들은 도대체 어떤 잘못을 했나요? 만약 잘못이 없다면 왜 그렇게 고통 속에 죽어야만 했을까요? 반대로, 사람들은 왜 그 사람들을 죽였을까요? 사람을 죽일 수 있는 악한 힘은 도대체 어디에서 온 걸까요? 사람은 원래 악한 존재일까요?

숱한 고통 가운데 살며 사람들은 옛날부터 이런 문제들을 고민해 왔습니다. 모든 고통과 나쁜 일의 뿌리에는 악惡이 있을 것이라 생각하며, 이 모든 문제들을 악이라는 주제로 엮어 놓았죠. 도대체 악은 무엇이고 어디에서 온 걸까요? 사람들은 오랫동안 이 물음의 답을 찾고 싶어 했습니다. 특히 종교와 도덕은 이를 연구해야 할 가장 중요한 주제들 중 하나라고까지 여겨왔지요. 기독교와 이슬람교에서는 악은 신에게 순종하지 않은 결과로 생겨난다고 말합니다. 인간이 가지고 있는 공격적 본능에서 악이 나온다고 설명하는 사람도 있지요. 아주 많은 종교인들과 철학자들이 제각각 의견을 내놓았습니다. 이렇게 인간의 삶에 고통이 있어 온 이후, 고통을 유발하는 힘인 악은 끊임없는 연구의 대상이었습니다.

그렇게 나오게 된 여러 설명들은 크게 두 가지 유형으로 나눠 볼 수 있습니다. '악은 특정한 악한 세력에 의해 생겨난 것이다'라는 생각과 '악은 특별한 악인에 의해 행해지는 것이 아니라 가장 일반적이고 평범한 사람들의 무심한 행동 속에 깃들어 있다'는 생각이 그것이지요. 이제부터 이 둘의 차이를 따라가 보기로 합시다. 그리고 어떤 생각이 악의 문제를 더 잘 설명하는지 스스로 판단해 보기 바랍니다.

선의 반대편,
악한 신에게서 비롯된 악

악의 문제를 가장 먼저 체계적이고 그럴듯하게 설명해 낸 사람들은 고대 페르시아의 조로아스터교 신자들이었습니다. 조로아스터교는 이 세상이 두 신, 즉 선한 신과 악한 신에 의해 지배된다고 보았지요. 이 세상은 두 신의 전쟁터며 모든 인간은 두 신 가운데 한 신을 선택해 추종하며 살아간다고 설명했습니다. 악한 신을 추종하는 사람들이 많아지면 세상은 고통스럽고 시끄러운 곳이 되지만, 선한 신을 추종하는 사람들이 많아지면 세상 역시 평화로워질 것이라 말했지요. 하지만 결국에는 선한 신이 악한 신을 제거해 이 세상에 영원한 평화가 도래할 것이라 보았습니다.

이처럼 세상이 섞일 수 없는 두 적대적인 신에 의해 나뉘어 있다고 주장하는 이들의 관점을 **이원론적 세계관**이라고 합니다. 두 신은 마치 물과 기름처럼 결코 화합할 수 없지요. 따라서 신들이 벌이는 전쟁이 끝나려면 두 신 중 한 신은 완전히 사라져야만 합니다. 인간 역시 마찬가지죠. 선과 악을 동시에 가질 수는 없고 오로지 한 신만을 선택해 섬길 수 있습니다. 이런 세계관 아래에서 인간의 운명은 어떤 신을 선택하느냐에 따라 결정됩니다.

이 관점의 장점은 이런 식으로라면 세상에 존재하는 수많은 악과 불행과 고통을 아주 쉽게 설명할 수 있게 된다는 것입니다. 세상이 시끄럽고 평화롭지 못한 건 악한 신을 추종하는 사람이 선한 신을 추종하는 사람보다 많기 때문이며, 모든 악의 근원은 악한 신에게 있다고 설명하면 되니까요. 하지만 굉장히 위험한 생각을 하게 될 가능성도 생깁니다. 가령 선한 신을 택해 살아가는 어떤 사람은 사이가 좋지 않은 친구를 악한 신을 추종하는 사람이라 낙인찍을 수 있지요. 그런데 선과 악은 결코 화합할 수 없고 함께 있을 수 없으니, 선을 위해서는 상대를 없애 버려야겠다는 과격한 생각을 하게 될 수 있습니다.

실제로 과거 미국의 대통령이었던 부시는 2001년에 벌어진 9·11 테러에 분노하며 테러를 일으킨 나라라 의심되는 이란과 이라크, 북한을 악한 신이 지배하는 '악의 축'이라 규정했지요. 그리고 그 악한 세력이 없어져야 세상에 평화가 올 것이라 생각해,

2003년에 유엔이 반대함에도 불구하고 이라크에 전쟁을 선포했습니다. 엄청난 무기를 쏟아 부은 결과, 짧은 시간 안에 전쟁이 끝났지만, 이후 이라크를 테러의 주범이라 지목한 부시의 추측은 잘못된 것이었다는 사실이 밝혀졌습니다. 하지만 그때는 이미 수없이 많은 무고한 시민들이 희생된 이후였지요. 이라크의 비극은 지금까지도 계속되고 있습니다. 이 일로 부시는 굉장히 많은 비난을 받았죠. 하지만 아무리 비난을 받고 혹 자기 잘못을 시인하며 사과한다 해도, 잘못된 생각으로 이미 저질러 버린 일과 그로 인해 생겨난 불행을 어떻게 해결할 수 있겠습니까.

사실 국가 간 갈등이나 친구 사이의 다툼은 한쪽에만 문제가 있어서 일어나는 경우가 드뭅니다. 잘잘못이 명확한 곳에서는 오히려 갈등이 적죠. 큰 갈등일수록 서로 옳다고 주장하는 경우가 대부분입니다. 그렇기 때문에 좋지 않은 관계로 문제가 생겼을 때 상대를 악으로 규정해 버리는 것은 자칫 위험할 수 있습니다. 더 큰 문제를 발생시킬 수 있죠.

그런데 자신을 선으로, 상대를 악으로 규정하는 이런 생각이 부시와 같은 특별한 사람에게만 나타나는 것일까요? 아닙니다. 일반적인 사람들도 이와 유사하게 생각할 때가 있습니다. 우리는 가끔 너무나 당연히 '나는 악한 사람들과 분명히 다르다'고 생각하고, '나는 악한 사람들이 모여 있는 교도소 같은 데 가 본 적이 없으니 선한 사람이다'라며 스스로를 위안할 때가 있습니다. 아마 교도소처럼 악한 사람들을 모아 가두는 곳이 없다면, 자신이 선한지 악한지 좀 헷갈려 하는 사람들이 있을지도 모르겠습니다. 교도소는 그곳에 있지 않은 사람들에게 '당신들은 악하지 않다'는 것을 보여 주는 장소이기도 합니다. 그리고 '보통 사람들'은 대개 교도소에 수감되어 있는 '악한 사람들'이 실수가 아니라, 자기 같은 사람들은 이해하지 못하는 비인간적 요인에 이끌려 범죄를 저질렀을 것이다, 원래 비정상적인 심리 유형을 가지고 있었을 것이다라고 근거 없이 진단해 버립니다. 즉 우리 역시 스스로를 선으로, 타인을 악으로 규정하는 위험한 생각을 충분히 할 수 있는 사람인 것입니다.

악이라는 실체는 없다

조로아스터교의 견해와 가장 대조적으로, 선과 악은 완전히 분리되어 있는 것이 아니라 공존한다고 생각했던 이들이 있습니다. 대표적으로 기독교가 그런 견해를 가지고 있었지요. 사실 기독교에는 조로아스터교의 흔적이 많이 남아 있습니다. 천국과 지옥의 엄격한 분리, 사탄과 선한 신의 대립 등이 그 예라 할 수 있겠죠. 하지만 기독교는 무엇보다도 이 세상에는 '전지전능하고 완전히 선한 유일신'이 있다고 전제합니다. 그 신이 이 땅의 모든 것을 창조했다고 주장하지요. 그런데 어찌됐든 세상에는 악도 있고 고통도 있습니다. 그러면 이런 것들 역시 완전히 선한 유일신이 만들어 낸 것이라 보아야 하는 것일까요?

많은 신학자들과 철학자들이 신이 진정 선하다면 어떻게 그에게서 악한 것이 나올 수 있으며, 그의 세계에 어떻게 고통이 존재할 수 있는가를 고민해 왔습니다. 그리고 그중 일부는 사실 신은 존재하지 않는다, 존재하지만 전능하지 않다 혹은 선하지 않다는 등의 결론을 내렸지요. 하지만 그 모든 생각들을 뛰어넘어 이 문제를 더 깊이 고민해 새로운 해결책을 제시한 사람이 등장했습니다. 바로 4~5세기경에 활동했던 성 아우구스티누스입니다. 그는 오늘날 악의 문제를 기독교 방식으로 체계화한 신학자이자 철학자로 평가받고 있습니다.

성 아우구스티누스는 악은 인간의 **자유의지** 때문에 세상에 들어오게 됐다고 설명했습니다. 인간이 자신의 의지를 신의 뜻에 어긋나게 펼 때 악이 발생한다는 의미지요. 즉 악은 신이 만들어 낸 것이 아니라 신의 피조물인 인간에 의해 생겨났다는 말입니다. 그렇다면 신은 왜 애초에 인간이 악을 선택할 수 있도록 만들었을까요. 그런 선택을 하지 못하게 만들었다면 세상이 훨씬 아름다웠을 텐데 말입니다. 이에 대해 성 아우구스티누스는 "자유의지를 갖고 있는 피조물이 그렇지 않은 피조물보다 더 뛰어난 존재며, 자유의지를 가진 자를 만든 자가 그렇지 않은 자를 만든 자보다 더 위대하다. 자유로운 선택으로 신께 드리는 경배 역시 마치 로봇이 기계적으로 바치는 경배보다 더 뛰어난 경배다"라는 답을 했습니다.

이해를 돕기 위해 예를 하나 들어 보죠. 과학의 발전으로 20세기 인간은 로봇이라는 기계를 만들어 낼 수 있게 되었습니다. 로봇 제작 기술은 날로 발전을 거듭하고 있지요. 과거에 인간은 오로지 단순 작업을 돕는 로봇만을 만들 수 있었습니다. 하지만 이제는 인공지능을 가진 로봇까지 만들 수 있게 되었죠. 사람처럼 지능을 가져 스스로 생각하고 판단해 그에 따라 행동하는 로봇을 인공지능 로봇이라 합니다. 인공지능 로봇은 엄청난 힘을 가지죠. 〈터미네이터〉라는 영화 속에 나오는 로봇 터미네이터는 인간에 의해 제작되었지만 인간 세계를 지배할 수 있는 힘까지 가진 엄청난 로봇입니다. 이런 로봇을 제작하는 것은 어쩌면 굉장히 위험한 일이지요. 하지만 과학기술과 인간 능력의 위대함을 여과 없이 보여 주는 일이기도 합니다.

같은 맥락으로 자유의지를 가진 인간을 만드는 것은 신의 뜻대로만 생각하고 살아가는 인간을 만드는 것보다 훨씬 어려운 일입니다. 인간이 자유의지를 가지고 있다는 사실은 그 자체로 신의 위대함을 더욱 드높여 주는 일이 되죠. 즉 성 아우구스티누스는 신은 위대하며 그렇기 때문에 인간이 자유의지를 가지게 됐다고 설명한 것입니다. 그리고 악은 신이 만든 것이 아니라 신의 피조물인 인간이 신에게서 부여받은 자유의지를 잘못 사용해 생겨난 것이라 주장했지요. 그의 주장대로라면 악은 신이 만든 선과는 조금 다른 차원의 개념이 됩니다. 신이 창조한 적 없는, 즉 실체는 없는 현상뿐인 개념이 되는 거죠.

'실체 없는 현상'이란 예를 들면 이런 겁니다. 우리는 빛과 어둠을 각각 빛이 있는 상태, 어둠이 내린 상태라 이해하죠. 하지만 사실 어둠은 어둠이 내려 생긴 현상이 아니라 빛이 없어 생긴 현상입니다. 어둠이란 실체는 없습니다. 오로지 현상만이 생겨날 뿐이죠. 마찬가지로 차가움과 따뜻함은 각각이 독립된 실체가 아니라 따뜻함이 결여된 상태, 따뜻함이 있는 상태입니다. 따뜻함이라는 실체는 있지만 차가움은 실체 없는 현상일 뿐이지요. 실체가 없어도 현상은 얼마든지 나타날 수 있습니다. 그러니 악도 악이 있는 상태가 아니라 선이 결여된 상태라고 이해할 수 있습니다. 애초에 신이 선을 만들 듯 악이라는 실체를 만든 것이 아니라, 악이라는 실체는 존재하지 않지만 인간이 자유의지를 잘못 사용해 악이라는 현상을 나타나게 했다는 말입니다.

여기서 잠깐, 왜 악이 아니라 선이 기준이 되냐고 질문하는 이들이 있을 것 같네요. 말하자면 '악은 선의 결여다'가 아니라 '선은 악의 결여다'라고 말할 수는 없는지 궁금해 하는 이들이 있을 겁니다. 이에 대한 대답은 '완전히 선한 공동체는 상상할 수 있지만 완전히 악한 공동체는 상상할 수 없다'는 데서 유추해 낼 수 있습니다. 최악의 강도 집단이라 해도, 집단을 유지하기 위해서는 구성원들을 무리 속에 머물게 할 수 있는 일말의 의리 혹은 선의 계기가 필요하지요. 어떤 의리도, 선한 계기도 없이 함께 모여 무리를 이루는 사람들은 없습니다. 때문에 완전히 악하기만 한 공동체는 있을 수 없죠. 또한 '어둠은 빛을 몰아낼 수 없는 데 반해 빛은 어둠을 몰아낼 수 있다'는 사실로부터도 대답을 유추해 낼 수 있습니다. 말하자면 촛불을 어두운 방에 가져가면 어둠이 사라지지만, 어둠을 촛불에 가져간다고 빛이 사라지지는 않습니다. 이와 유사하게 악은 선을 몰아낼 수 없는 데 반해 선은 악을 몰아낼 수 있습니다. 바로 이런 이유로 악이 아니라 선을 기준으로 삼는 것입니다.

성 아우구스티누스는 이렇게 이 세상에 온전히 선한 신과 신의 속성을 닮지 않은 악이 공존할 수 있음을 설명해 냈습니다. 나아가 "악은 독립적인 실체가 없는 현상일 뿐이므로 언제든지 극복할 수 있다"라고까지 주장했지요. 인간이 자유의지를 잘못 사용해 실체도 없는 악을 나타나게 했다면, 당연히 자유의지를 잘 사용해 악을 사라지게 할 수도 있다는 겁니다. 마치 빛이 없는 어두운 방에 불을 켜면 어둠이 곧바로 사라지듯 선이 없는 악한 세상에 선을 행하면 악도 곧 사라지고 마는 것이죠.

물론 그런 사랑의 힘, 선의 힘은 인간의 능력으로는 실현할 수 없습니다. 마치 인간이 만든 터미네이터가 인간의 통제를 벗어나 인간을 지배하게 된 것처럼, 악 역시 인간이 발생시킨 것이지만 이제는 인간이 통제할 수 없는 힘이 되어 인간을 지배하고 있기 때문입니다. 따라서 인간은 오직 신의 도움을 받아서만 악에서 벗어날 수 있습니다. 그래서 성 아우구스티누스는 신에 귀의하는 것만이 악으로부터 자유로워질 수 있는 유일한 방법이라 주장했습니다.

평범한 악

20세기 이후에는 기독교의 이러한 생각을 현대에 맞게 새롭게 해석한 사람, 말하자면 성 아우구스티누스의 종교적 설명을 세속적인 언어로 바꿔 설명해 낸 사람이 등장했습니다. 엄청난 고통 앞에서도 악의 문제에 정면으로 도전하고, 그 문제들을 철학적으로 사유했던 20세기의 여성 철학자 아렌트가 그 주인공이었죠. 아렌트는 독일 출신의 유대인이었습니다. 그녀가 살던 당시 독일에서는 히틀러의 나치 지배로 인류 역사상 가장 잔혹한 범죄가 일어나고 있었지요.

나치즘Nazismus이란 국가사회주의Nationalsozialismus의 준말로 사회주의의 국유화* 정책을 국가의 이름으로 수행하고자 하는 극우파의 정치 이념입니다. 극우파는 공동체를 강조하는 우파 중에서도 국가 공동체를 위해서는 모든 개별적인 것을 희생해도 된다고

★ 국유화 — 국가가 국민들의 사유재산을 강제적으로 취득하여 나라의 재산으로 만들고자 하는 행위이다.

하는 극단적인 이념을 가진 이들입니다. 당시 독일 나치는 국가가 잘되기 위해서는 국가에 도움에 되지 않는 자들은 없애 버리고 뛰어난 사람들로만 국가를 구성해야 한다고 주장했지요. 그리고 그 이상을 실현하기 위해 제2차 세계대전이라는 유래 없이 처참한 전쟁을 일으켜 국가에 해가 된다 여겨지는 집시와 유대인들을 무조건 가두고 죽였습니다. 단지 집시라는 이유로, 유대인이라는 이유로 수백만의 사람들이 가스실에서 죽어 나갔습니다. 공장의 대량생산방식을 본떠 대량살상방법까지 고안해냈지요. 그럼으로써 인간의 존엄을 총체적으로 말살했습니다.

아렌트는 국가와 전체를 위해 특정한 사람들을 이렇게 대량으로 아무런 죄의식 없이 살상해 댄 체제를 **전체주의**라고 불렀습니다. 전체주의란 국가 전체를 위한다는 명목하에 그 구성원들의 행동뿐 아니라 감정과 생각 전체, 말하자면 인간의 삶 전체를 지배하고자 하는 체제를 뜻하지요. '인간에 의한 인간의 총체적 지배'라 말할 수 있습니다. 역사 속에서 찾아볼 수 있는 대표적인 전체주의 체제로는 앞에서 말한 독일의 나치즘, 이탈리아의 파시즘, 소련의 스탈린주의가 있습니다. 이탈리아의 파시즘은 독일의 나치즘과 같은 극우파의 정치이념이고 소련의 스탈린주의는 극좌파 정치이념입니다. 극좌파는 자본주의적 요소가 조금이라도 존재해서는 안 된다, 즉 사회주의와 관련 없는 모든 것을 제거해야 한다는 정치이념을 가진 이들입니다. 이런 좌우의 극단적 정치이념은 오늘날 유럽에서는 더 이상 법적으로 허용되지 않습니다.

나치의 횡포 아래서는 아렌트 역시 예외가 될 수 없었습니다. 그녀는 유대인이었기 때문에 나치의 축출 대상으로 죽음의 위협을 받고 있었습니다. 하지만 가까스로 탈출에 성공했고 남은 생을 미국에서 살게 됐죠. 나치 정권 아래 유대인으로서 인간에 의한 인간의 총체적 지배를 경험했던 아렌트는 이후 악의 문제에 대해 깊이 고민하게 되었습니다. 그녀는 나치가 자행한 것과 같은 상상을 초월하는 악을 **근본악**이라 불렀습니다. 어떤 말로도 형용할 수 없는 극단적인 악이라는 의미입니다.

> "총체적 지배는 모든 것이 가능하다는 것을 입증하고자 한다. 하지만 그러는 가운데, 그것은 의도하지 않았음에도 근본악이 존재한다는 사실을 드러낸다. 근본악의 본질은 (지금까지 보지도, 경험하지도, 상상하지도 못할 만큼 잔인하여) 사람들이 벌할 수도 용서할 수도 없다는 데 있다. (…) 근본악은 어떤 분노로도 복수할 수 없고, 어떤 사랑으로도 견뎌 낼 수 없으며, 어떤 우정으로도 용서할 수 없고, 어떤 법률로도 벌할 수 없다. 시체를 생산하는 공장에서, 그리고 망각의 동굴에서 희생자들은 고문자들의 눈에 더 이상 '사람'이 아니었다. 지금까지 우리는 어떤 좋지 않은 일을 하고 나면 죄의식에 사로 잡혔고, 이것이 우리를 다시 인간으로 뭉치게 하는 힘이었는데, 전체주의자들은 이런 상식을 모두 깨 버렸다."

아렌트의 저서《전체주의의 기원》에 나오는 근본악에 대한 설명입니다. 이 책은 아렌트의 여러 저서 중 초기 저서에 해당하지요. 이때 아렌트는 세상에는 조로아스터교에서 말하는 것처럼 상상할 수도 없이 참혹한 악을 산출하는 악한 세력이 있다고 생각했습니다. 나와는 전혀 다른 악한 세력에 의해 자행되는 그 악은 반드시 제거되고 극복되어야 한다고 주장했죠. 그 악이 바로 근본악입니다.

하지만 시간이 지나, 아렌트는 악의 문제를 조금 다르게 보기 시작했습니다. 1945년 제2차 세계대전이 완전히 끝나자 전쟁을 일으킨 주범이었던 히틀러와 괴벨스, 힘러 등은 자살을 했고 그 외 나치의 핵심 인물들도 모두 전쟁범죄자로 사형을 받았죠. 도망친 사람들도 많았습니다. 그중에는 독일 장교로 유대인의 체포와 강제 이주 등을 계획하고 효과적인 살해 방법까지 꾸준히 연구하고 고안해 낸 아이히만이라는 사람도 있었지요. 신분까지 숨겨 가며 은신하고 있던 아이히만은 결국 이스라엘 비밀 요원들에게 붙잡혀 예루살렘으로 끌려갔습니다. 그의 재판에는 수많은 사람들이 몰렸습니다. 희대의 악인, 악의 화신이라고 해도 될 만한 인물이 도대체 어떤 사람인지 모두들 궁금해 했지요. 당시 아렌트는 미국의 주간 잡지 〈뉴요커〉의 특파원으로 재판에 참석했습니다. 그리고 그 재판 과정 전체를 취재해《예루살렘의 아이히만》이라는 책을 내놓았습니다.

책의 내용은 아주 뜻밖이었습니다. '아이히만은 너무나 평범한 사람이었다. 그의 유년기의 삶과 학창시절의 삶, 성인이 되고난 이후의 삶을 모두 되돌아보았지만 그에게 우리가 생각하는 특이한 악인의 모습은 없었다. 조직 폭력배 두목의 기상도, 영웅적인 기개도, 술수를 써 사람들을 속아 넘어가게 하는 기지도 없었다. 그는 그저 평범했다. 다만 다른 사람들에 비해 근면했고 자기에게 맡겨진 일을 성실히 수행하는, 성공하는 사람들의 전형적인 모습을 갖추고 있었다'는 것이 요지였습니다. 형용할 수 없이 잔인한 일들을 행한 인류 최악의 범죄자 치고는 너무나 평범했던 아이히만의 모습에 오히려 아렌트가 놀랐죠. 그래서인지 그는 책의 부제도 '악의 평범성에 대한 보고'라고 붙였습니다.

> "아이히만은 이아고도 맥베스도 아니었고, 리처드 3세*처럼 스스로 악인임을 입증할 마음이 있는 사람도 아니었다. 그저 개인적 성공을 위해 각별히 근면했던 사람이었을 뿐, 그에게 어떤 특별한 범행 동기 같은 건 없었다. 당연히 이런 근면성이 죄가 되지는 않는다. 그는 승진하기 위해 자신의 상관을 죽이는 범죄조차

★ 이아고, 맥베스, 리처드 3세 — 영미권 사람들이 생각하는 '전형적인 악인들'. 이아고는 셰익스피어 비극 《오셀로》에서 간교한 꾀를 부려 주인공을 위험에 처하게 한 인물, 맥베스는 《맥베스》에서 왕위 찬탈을 위해 수많은 사람들을 죽인 인물이다. 리처드 3세는 영국 요크 왕조의 마지막 왕으로 왕이 되기 위해 조카인 에드워드 5세를 런던탑에 가두었던 실제 인물이다.

저지를 위인도 못 됐다.

다만 그는 자기가 무엇을 하고 있는지 생각하지 못했다. 심문을 담당한 독일계 유대인 경찰에게, 그는 자기가 왜 중령의 지위에 밖에 오르지 못했는지 설명하며 진급하지 못한 것은 자기 잘못이 아니라는 말을 반복적으로 했다고 한다. 이러한 사실은 그가 얼마나 생각 없는 인물인지를 보여 준다. 하지만 그는 원칙적으로 무엇이 문제였는지는 아주 잘 알고 있었고, 최후 진술에서 '국가 차원에서 가치의 전복이 있었음'을 인정하였다. 즉 그는 어리석지도 않았다.

그를 시대의 엄청난 범죄자로 만든 것은 바로 사유 없음이었다. (사유 없음은 무식함을 의미하는 것은 결코 아니다.) (…) 현실에 대한 무감각과 이런 **무사유**는 인간 안에 존재하는 모든 악보다도 더 큰 파멸을 가져올 수 있다는 것, 이것이 사실상 그의 재판에서 배울 수 있었던 교훈이었다."

어떻게 이런 평범한 사람에게서 그런 인류 최악의 범죄가 나올 수 있었을까요? 그 순간에 그는 도대체 어떤 악한 영에 사로잡혔던 것일까요? 아렌트는 범죄, 즉 악은 앞서 말한 근본악 같은 절대 악에서 비롯되는 것이 아니라, 행하는 사람이 스스로 자기가 하고 있는 일이 무슨 일인지를 생각하고 있지 않을 때 발생한다고 정리했습니다. 우리는 주로 맡겨진 일을 열심히 하는 사람을 모범적인 사람이라 말하는데, 때로는 그 모범적인 행위가 최악의 결과를 가져올 수도 있다는 것입니다. 아이히만은 물건을 소각하는 행위와 인간을 '소각하는' 행위를 구별하지 않았습니다, 아니 못했습니다. 그저 자기에게 맡겨진 일만을 열심히 할 뿐이었습니다. 아렌트는 이런 생각 없음, 즉 무사유를 악의 근원으로 보았습니다.

조금 당혹스러운 생각이라 느끼는 사람들도 있겠지요. 악이란 악을 적극적으로 수행할 때 나오는 것이라 생각했는데 선을 적극적으로 수행하지 않을 때, 다시 말해 생각과 반성 없이 무의식적으로 행동할 때 발생하는 것이라니! 하지만 생각해 보면 앞서 살펴본 성 아우구스티누스의 말과도 일맥의 관련성이 있는 말입니다. 성 아우구스티누스는 악을 '선의 결여'라 정의했지요. 즉 선을 적극적으로 수행하지 않을 때 발생하는 것이 악이라 규정한 것입니다. 언젠가 스페인의 화가 고야도 자신의 그림 한곳에 "생각이 잠들면 괴물이 활동한다"라는 말을 적어 두었는데, 이 역시 같은 맥락에서 이해할 수 있는 말이지요.

사실 삶을 돌아보면 특별한 생각 없이 살고 있는 자신의 모습을 어렵지 않게 발견할 수 있습니다. 가끔 우리는 아무 생각 없이 내 귀에 들어오는 친구의 험담을 다른 친구에게 전하고, 대다수의 친구들이 따돌리는 친구를 함께 따돌리거나 방관해 버리고 말죠. 키가 작거나 얼굴에 큰 점이 있어 콤플렉스를 느끼는 친구들을 사소한 말로 놀리기도 합니다. 힘없는 사람이 거리에서 봉변을 당하

는 것을 수많은 사람들이 보았지만 아무도 제지는 하지 않고 방관만 했다는 소식도 수없이 들려오죠. 하지만 그래도 '나 정도면 나쁜 건 아니야'라며 스스로를 위안하고, '그 사람이 불행한 게 나 때문은 아니잖아'라며 책임을 피해 버립니다. 그런데 바로 그런 방관적인 태도, 수동적인 태도, 생각 없는 태도가 바로 악의 출발점이라는 겁니다. 내가 하는 말이 상대에게 어떻게 들릴지, 내가 하는 행동 때문에 상대가 어떤 상처를 받을지 생각하지 않을 때, 그것은 실로 한 사람의 일생을, 크게는 사회 전체를, 더 크게는 인류 전체를 불행에 빠뜨릴 수 있는 악이 될 수 있습니다. 악은 이렇게 우리 가까이 있으며 심지어 평범합니다.

악인은 특별한 곳에 있는 남다른 사람이 아닙니다. 우리와 전혀 다르지 않고 어쩌면 우리도 일순간 악인이 될 수 있지요. 세상에 존재하는 대부분의 악은 우리의 일상 가운데 있습니다. 평범하고 단조로운 삶 속에서 숙고 없이 내뱉은 말과 배려없이 한 행동이 타인에게 돌이킬 수 없는 고통을 줄 수도 있다는 것을 반드시 알고 기억해야 할 것입니다. 아렌트의 책이 큰 반향을 일으켰던 해 즈음, 역시 악의 문제를 다뤄 많은 사람들의 생각을 일깨운 책이 한 권 있었습니다. 우리에게는 《나니아 연대기》라는 작품으로 유명한 C. S. 루이스라는 작가의 《스크루테이프의 편지》라는 책이지요. 그 책 서문에 나오는 글과 함께 글을 마치고자 합니다. 이 글은 악이 우리에게 아주 가까이 있다는 사실을, 악이 악마의 얼굴이 아니라 아주 평범한 얼굴을 하고 있다는 사실을 다시금 우리에게 상기시켜 줍니다.

> "오늘날 가장 큰 악은 (…) 추악한 '죄악의 소굴'에서 행해지지 않는다. 강제 수용소나 강제 노동 수용소에서 실행되는 것도 아니다. 그러한 곳에서는 악의 최종적 결과만을 볼 수 있을 뿐이다. 실제로 악을 구상하고 지시하는 일은 (…) 카펫이 깔린 깨끗하고 따뜻하며 환한 사무실 내부에서, 흰색 와이셔츠에 잘 정돈된 손톱과 매끈히 면도한 얼굴로 좀처럼 목소리를 높일 필요 없이 조용히 일하는 화이트 칼라들에 의해 이뤄진다."

더 깊이 생각하게 하는 책들

예루살렘의 아이히만

한나 아렌트 지음,
김선욱 옮김,
한길사, 2006.

아렌트가 아이히만의 전범재판을 참관하고 쓴 책. 아렌트의 저작 가운데 가장 중요한 작품으로 꼽힌다. 희대의 악인, 아이히만은 우리가 상상했던 극악무도한 악인이 아니라 그저 평범한 사람이었다. 이 책은 아렌트가 그를 통해 악이란 악인이 악한 마음을 품고 저지르는 행위가 아니라, 평범한 사람이 아무 생각 없이 저지를 수 있는 행위라는 깨달음을 얻게 된 과정을 자세히 담고 있다.

잔혹함에 대하여

애덤 모턴 지음,
변진경 옮김,
돌베개, 2015.

악을 가장 쉽게 설명할 수 있는 방법 중 하나는 악한 신 혹은 악의 무리를 상정하는 것이다. 하지만 이 책의 글쓴이는 악을 그렇게 다룰 경우, 우리 가운데 도사리고 있는 악의 문제를 정확하게 파악할 수 없게 되는 문제점이 생긴다고 지적한다. 악은 특별하지만 평범하다. 우리가 끔찍한 악이라고 하는 것들은 대개 악의 결과일 뿐이며, 진짜 끔찍한 악은 사람들의 존경을 받으면서 온화한 얼굴을 한 채 악을 기획하는 이들에게서 비롯된다고 한다.

카라마조프가의 형제들

도스토예프스키 지음, 김연경 옮김,
민음사, 2012.

러시아의 대문호 도스토예프스키는 1848년 유럽혁명 이후 대변혁을 겪는 러시아의 모습을 문학적 상징을 이용해 잘 표현해 냈다. 이 책 역시 그 변혁의 시대를 배경으로 하고 있으며, 책 속에 등장하는 삼형제는 각각 러시아의 전통적 야성, 당대의 염세적 지식인, 기독교적 동포애를 상징한다. 이야기 중간에 둘째 이반과 셋째 알료샤가 악에 대한 논쟁을 벌이는 장면이 나오는데, 이는 악에 대한 철학적 논쟁을 문학적으로 정말 잘 승화시킨 부분이라는 평가를 받는다.

악

테리 이글턴 지음,
오수원 옮김,
이매진, 2015.

소위 악인을 보면 사람들은 경악한다. 연쇄살인범이나 총기 난사범을 너무나 당연히 사이코패스, 악의 상징으로 규정해 버리기도 한다. 하지만 이 책에서는 오늘날 우리가 악이라고 여기는 많은 것들이 사실상 '부정'일 뿐이며, 악과 부정은 구별해야 할 필요가 있다고 이야기한다. 악으로 규정되는 것들보다 더 큰 문제는 악도 부정도 모두 악인의 행위라 규정해 버리는 우리의 태도임을 꼬집어 비판한다.

아주 정상적인 악

라인하르트 할러 지음, 신혜원 옮김,
지식의 숲, 2012.

대다수의 사람들은 자신이 악한 사람이 아니라고 생각하며 산다. 수감자나 조직폭력배를 보며, 자신은 그런 악의 무리에 속해 있지 않기 때문에 악하지 않다고 생각하기도 한다. 법의학자인 글쓴이는 이 책을 통해 우리가 악인으로 규정하는 대개의 사람들은 그저 평범한 사람들임을 보여 준다. 그럼으로써 악이 우리와 얼마나 가깝게 있는지를 깨닫게 해 준다.

스크루테이프의 편지

C. S. 루이스 지음,
김선형 옮김,
홍성사, 2005.

20세기 영국의 소설가이자 기독교 사상가 C. S. 루이스의 대표작. 서간체 형식의 책으로, 악마의 세계에서 가장 경험 많고 교활하기로 유명한 스크루테이프가 어리고 미숙한 조카 웜우드에게 쓴 서른한 통의 편지로 구성되어 있다. 편지의 주제는 나약한 인간을 악의 방향으로 유혹하는 법, 즉 인간이 악을 저지르게 만드는 법이다. 편지의 내용을 통해 평범한 인간이 어떤 특정한 순간에 악한 일을 하게 되는지, 어떻게 일순한 악인이 되어 버리는지를 볼 수 있다.

의지

노력하는 인간

이동용

방학 전 집으로 도착한 성적표를 본 엄마의 표정이 썩 좋지 않습니다.
제 기준에서는 최선을 다했지만, 엄마 기준에는 못 미치는 성적을 받았기 때문입니다. 이런 날은 어김없이 잔소리를 들어야 하죠.
"의지가 문제야, 의지! 그 좋은 머리로 왜 노력을 안하니? 노력하면 안될 게 뭐야? 다 할 수 있어. 하려는 의지를 가져야지!"
전 정말 의지를 가지고 열심히 했어요. 하지만 시험이 어려웠던 걸 어떡해요.
물론 지난 시험은 생각보다 잘 봤죠. 근데 그건 시험을 잘 봐야겠다는 의지 때문이 아니라, 새 휴대전화를 갖겠다는 의지 때문이었어요. 지난 시험 기간에 전화기가 망가졌는데 "이번 성적 보고 새 전화기를 사 줄지 고쳐 쓰게 할지를 결정하겠다"라는 엄마 말에 저도 모르게 불끈 의지가 생겼죠.
그러니 그게 어디 제 의지겠어요. 엄마 의지지. 이렇게 가끔은 제 의지가 아니라 엄마 의지가 저를 움직입니다.
생각해 보면 참 신기한 일이죠. 저를 움직이는 게 제 의지가 아니라 남의 의지라니, 갑자기 의지라는 게 뭔지, 어떻게 작동하는지 자못 궁금해집니다.

사람으로 산다는 것

'사람'의 어원을 찾아 거슬러 올라가면 '삶'이라는 단어에 이릅니다. 말 그대로 사람은 삶에서 유래했지요. 사람의 본질은 그래서 사는 것에 있습니다. 하지만 사는 것은 그리 만만한 일이 아니지요. 세상에 있는 온갖 위험과 여러 가지 위협들로부터 자신을 지켜 내기 위해 '노력'하지 않으면 사람은 결코 살아갈 수 없습니다. 노력과 삶과 사람은 이렇게 서로 긴밀한 관계 속에 있습니다.

어른들은 종종 "무슨 일을 하든 열심히 해라", "가장 중요한 건 최선을 다하는 거다"라는 말씀을 하십니다. 아주 어렸을 때부터 우리는 이런 말들을 듣고 자랐지요. 또한 인생에서 겪게 되는 수많은 실패와 성공 앞에서 우리는 흔히 '나는 왜 실패했을까, 어떻게 성공한 걸까'를 따지기보다 '난 정말 최선을 다했을까, 여기에 이르기까지 얼마나 열심히 했나'를 생각하게 됩니다. 그러며 열심히 하지 않은 결과로는 반성의 눈물을, 최선을 다한 대가로는 보람의 눈물을 흘립니다. 이는 '열심히'와 '최선'이 노력이라는 미덕의 출발점이기 때문입니다.

사람은 살기 위해 노력합니다. 노력이란 삶의 가장 중요한 미덕 중 하나지요. 노력 없는 삶, 열심히 살지 않는 삶, 최선을 다하지 않는 삶은 그래서 늘 부족하고 후회스럽고 모자랍니다. 삶이란 오로지 노력한 흔적으로만 이뤄 나갈 수 있는 것이죠. 노력은 의지의 다른 표현이라고도 말할 수 있습니다. 누구든 의지가 있기 때문에 노력할 수 있으니까요. 노력하는 자만이 의지한 바를 이룰 수 있기 때문이기도 합니다.

방황은 곧 노력의 증거

독일의 시인이자 정치가이자 철학자였던 괴테는 무려 육십 년이라는 시간을 바쳐 《파우스트》라는 책을 썼습니다. 육십 년이라니! 책상에 앉아 책을 펴면 마치 괴테의 육십 년 세월이 책상 위에 고스란히 올려진 듯한 느낌이 들어, 왠지 책장도 함부로 넘겨서는 안될 것 같습니다. 읽는데도 그만한 시간을 바쳐야 할 것 같다는 생각이 들죠. 하지만 여하간 한 권의 책을 완성하기 위해 바쳐진 그의 열정에 보답하는 길은 오로지 그의 글을 제대로 읽어 내는 것뿐이라는 생각에, 천천히 그리고 꼼꼼하게 책을 살펴보게 됩니다.

책 속에 등장하는 주인공 파우스트 박사는 지식욕, 명예욕, 성욕, 소유욕 등 다양한 욕망을 가지고 있는 사람입니다. 그는 인생의 의미와 가치가 무엇인지 알기 위해 평생을 학문 연구에 바쳐 살았죠. 하지만 그 평생의 연구는 자신의 지적 욕구를 채워 주지 못했습니다. 때문에 절망에 빠져 결국 자살을 생각하게 되죠. 그때 그는 깊은 회의감으로 거의 절벽 끝에 도달한 상태였습니다. 결국 죽음의 목전까지 갔고 스스로 독이 든 잔을 들어 올렸지요. 하지만 바로 그 순간, 멀리서 부활절을 알리는 교회 종소리가 들려왔습니다. 하늘에서는 천사들이 불러대는 합창 소리가 울려 퍼졌죠. 슬픔과 절망 속에서 독배를 들었던 파우스트는 들려오는 노랫소리에 귀를 기울이며 갑자기 심경의 변화를 맞게 됩니다. 하염없이 눈물을 흘리며, 이제껏 자신이 알지 못했던 새로운 세계가 있을 거라는 확신을 갖게 되죠. 그러면서 다시금 삶에 대한 의지를 불태웁니다. 새로운 세계에 대한 확신! 그 확신을 기반으로 파우스트는 새로운 삶을 시작합니다. 문제는 그의 심경을 변화시켜 그를 새로운 세계로 이끈 것이 신이 아니라 악마였다는 데 있었지요.

악마의 도움을 받아 그는 이제까지와는 달리 하고 싶은 것들을 모두 하며 살아가기 시작합니다. 술집에서 술도 마시고 젊은 여자를 꾀어 해 보지 못했던 사랑도 하고 돈도 펑펑 쓰며 소위 나쁜 짓이라고 할 수 있는 것들도 모조리 해 보죠. 악마의 힘을 빌려 그야말로 모든 욕망을 채워 가며 삽니다. 신 중심적인 사고방식을 갖고 있던 중세 시대 사람들이라면 아마 이런 그의 행동을 '천벌받아 마땅하다'고 여겼을지도 모릅니다. 여러분도 알고 있듯 악마의 꾐에 넘어가 선악과를 따먹은 아담과 이브는 천벌을 받고 에덴동산에서 쫓겨나기까지 했잖아요. 그러니 파우스트 역시 신의 심판 앞에 지옥으로 가게 될 운명에 처해 있었다고 볼 수 있지요. 하지만 괴테는 신이 파우스트를 벌하게 내버려 두지 않았습니다. 차마 그를 지옥에 떨어지게 할 수가 없었던 겁니다.

왜 그랬을까요? 왜 괴테는 악마의 꾐에 빠져 모든 나쁜 짓을 행하며 살았던 파우스트를 지옥의 문 앞에서 구원받게 했을까요? 파우스트를 동정한 괴테의 심경은 과연 무엇이라 말할 수 있을까요? 추측하건대 아마도 괴테는 파우스트의 삶을 '가장 인간적인 삶'이라 생각했을 것입니다. 실제로 파우스트는 평생 해 보지 못했던 경험을 마음속으로는 해 보고 싶어 했던 인간이었지요. 그리고 그 경험들을 할 수 있는 기회가 주어지자 최선을 다해 자신의 욕망을 이루며 살았습니다. 괴테는 작품 속에서 신의 입을 빌려 이런 말을 남겨 놓았습니다. "노력하는 한 인간은 방황한다." 방황하지 않으면 그건 인간이 아니라는 말입니다. 신 정도는 되어야 방황하지 않을 수 있다는 얘기지요. 즉 방황은 곧 '인간의 조건'이라는 의미입니다.

대다수의 사람들은 실수나 방황을 달갑지 않아 합니다. 실수도 방황도 모두 우리를 힘들게 하는 일이니까요. 그래서 뭐든 새로운 일에는 도전하지 않고 부모님 혹은 선생님이 시키는 대로만 살아가는 사람들도 있습니다. 실수가 두려워 시도하는 것조차 꺼리는 사람들도 있고요. 하지만 방황을 한다는 건 노력하고 있다는 증거입니다. 길을 걷는 사람만이 길을 잃을 수도 있는 겁니다. 실수 역시 행동하고 있다는 증거죠. 행동하는 모든 인간은 당연히 실수하기 마련입니다. 행동하지 않으면 삶은 결코 진행되지 않습니다. 행동하며 실수와 실패를 거듭하고 깨달음과 수정을 반복하며, 우리 인생은 진행되는 것입니다. '끝까지 행동하고 노력하는 인간은 결코 지옥으로 떨어질 수 없다.' 이것이 바로 괴테의 생각이었습니다. 지옥 앞에서도 살아남을 수 있는 구원의 조건은 바로 인간의 노력이라는 의미입니다.

그렇다면 얼마나, 언제까지 노력하며 살아야 할까요? 파우스트 속 괴테의 말을 빌리자면, 우리는 "죽을 때까지" 노력하며 살아야 합니다. 살아 있는 동안 인간이 해야 할 일은 그저 노력하는 일뿐이라는 겁니다. 무엇을 하든 노력으로 임해야만 할 것입니다. '끊임없는 노력으로 산 사람은 충분히 구원받을 자격이 있다. 설혹 악마의 도움을 받았다 하더라도 노력의 대가는 구원이어야 한다.' 괴테의 《파우스트》는 바로 이런 메시지를 담고 있는 책이죠. 인간의 조건, 구원의 조건을 '노력'으로 정의한 괴테의 생각을 여과 없이 전하고 있는 이 책은 백 년이 넘게 지난 지금까지도 사람들의 가슴 속에 영원한 고전으로 자리매김하고 있습니다.

다양한 세상, 다양한 사람

조금 어려운 이야기를 꺼내 볼까 합니다. 쇼펜하우어라는 이름을 혹시 들어 본 적이 있나요? 19세기 독일의 철학자였던 쇼펜하우어는 "세상은 너무나 다양하다. 이유는 인간이 다양하기 때문이다"라고 이야기했습니다. 세상 속에 사는 다양한 사람들은 제각각 이 세상을 다르게 보고 다르게 표현하기에 세상은 응당 다양할 수밖에 없다는 이야기입니다. 다양한 사람들이 모여 이루는 다양한 세상을 우리는 '사회'라고 부릅니다. 각각의 사회는 서로 다른

가치 체계를 가지고 있고 그에 따라 서로 다른 규범을 갖추고 있죠. 따라서 똑같은 사회는 있을 수 없습니다. 모든 사회는 모두 다른 의지를 지니고 있습니다.

한 사회는 여러 명의 구성원으로 이루어져 있지요. 서로 다른 생각을 가진 다양한 사람들이 사회 속에 함께 모여 삽니다. 각각의 개인은 저마다의 세계관을 가지고 자기 방식대로 제 삶을 이끕니다. 모두들 자기 의지를 실현하려 애쓰며 살죠. 하지만 그 의지들은 때로 충돌을 일으킵니다. 누군가는 이것을 원하는데 다른 누군가는 그것을 원치 않고, 제한된 사회 속에서 모두의 의지를 동시에 실현하며 살기는 쉽지가 않죠. 때문에 갈등이 생기고 경쟁이 일어납니다.

그런데 갈등과 경쟁은 사회 내에서만 일어나는 일은 아닙니다. 한 사람의 마음속에서도 일어날 수 있습니다. 우리 모두의 마음속에서는 아마 다양한 욕망들이 늘 서로 다투고 있을 것입니다. 놀고 싶은 욕망과 공부를 잘하고 싶은 욕망은 그중에서도 가장 많이 충돌하는 욕망들이겠죠. 놀고 싶은 욕망이 우세하면 해야 할 공부도 마다하고 친구들과 나가 놀게 될 것입니다. 반대로 공부를 잘하고 싶은 욕망이 우세해 공부해야겠다는 의지가 생기면 놀고 싶은 마음은 통제되고 스스로를 책상 앞에 앉히게 되겠죠. 이런 식으로 한 사람의 마음속에서는 늘 다양한 욕구들이 서로 치열하게 싸우고 있습니다.

쇼펜하우어는 우리가 살아가는 이 세상을 **현상계現象界**라 표현했습니다. 현상계란 우리가 우리 육체로 지각하고 경험할 수 있는 세계를 뜻하죠. 눈에 보이는 세계, 몸으로 겪을 수 있는 세계가 바로 현상계입니다. 현상계 속에서 우리는 육체로 활동하며 살아갑니다. 그런데 하나의 육체는 또 하나의 육체를 만나면 응당 경쟁을 하게 되지요. 아무리 사랑하는 사이라 하더라도 의견 충돌이 생기기 마련이고, 충돌이 심화되면 싸움이 일어납니다. 그래서 현상계는 아주 복잡합니다. 이 속에서 사람들은 흔히, 사는 게 힘들다는 말을 합니다.

그런데 현상계와 조금 다른 세계, 아주 단순한 세계가 있습니다. 바로 **본질계本質界**죠. 본질계는 다른 말로 '의지의 세계'라고도 합니다. 본질, 즉 의지는 현상의 원인입니다. 가령 라면을 먹고 싶어 하는 세 사람이 있다고 가정합시다. 세 사람 중 한 사람은 라면을 끓여 먹었습니다. 다른 한 사람은 음식점에 가 라면을 사 먹었지요. 나머지 한 사람은 친구와 함께 음식점에 갔다가 라면 대신 김밥을 먹자는 친구의 말에 라면 대신 김밥을 먹었습니다. 이때 '라면을 먹고 싶다'는 마음이 의지, 곧 본질이고 서로 다른 세 행동이 현상입니다. 이 예를 통해 우리는 하나의 의지는 다양한 현상으로 표출될 수 있다는 사실과 우리가 살고 있는 이 세계에는 오로지 현상만이 나타난다는 사실, 그리고 하나의 행동 뒤에는 다양한 동기와 욕구가 복잡하게 얽혀 있다는 사실을 알 수 있습니다. 그리고 현상은 의지와 달리 참 다양하다는 것 역시 알 수 있습니다.

바로 이것이 문제입니다. 현상은 너무나 다양해서 현상만 보고는, 즉 행동만 보고는 그 뒤에 어떤 의지가 있는지 쉽게 알 수 없습니다. 때로는 타인의 의지가 내 의지와 섞여 마치 내 의지인 것처럼 표출될 때도 있지요. 그 속에서 진짜 내 의지, 내가 진정으로 원하는 것이 무엇인지 가려내는 것은 결코 쉽지 않습니다. 하지만 한 번뿐인 인생을 내 뜻이 아닌 남의 뜻대로 살 수는 없지요. 진정한 내 의지도 모른 채 삶을 끝낼 수는 없습니다. 헤세는《데미안》이라는 작품 속에서 사람을 "모두가 인간이 되라고 기원하며 자연이 던진 돌"이라고 표현했습니다. 즉 우리는 처음에는 돌과 같은 하찮은 존재로 태어났을지 몰라도 결국 모두 소중한 인간이 되어야 할 숙제를 안고 있습니다.

그래서 우리는 늘 자신의 의지에 집중하며 살아야 합니다. 자신이 원하는 것을 망각해서는 안 되며 지속적으로 자기 의지를 기억하고 삶으로 살아 내려 노력해야만 합니다. 그런 강한 집념으로 인생을 살아야 합니다. 하지만 집념이 집착이 되어서는 안 됩니다. 집착은 의지를 통제하기 때문입니다. 간혹 뜻대로 안 된다고 화를 내거나 폭력적인 성향을 보이는 사람들이 있지요. 그런 경우가 바로 집착이 의지를 통제하는 경우입니다. 강한 집념을 가지고 의지를 실현하며 사는 삶, 한 가지 현상에 집착하지 않고 모든 현상을 있는 그대로 볼 수 있는 자세, 이것이 바로 자기 삶을 자기 의지대로 잘 살며 스스로의 인생을 소중하게 만들 수 있는 방법입니다.

너 자신을 알라

'뜻이 있는 곳에 길이 있다'는 말이 있습니다. 의지의 중요성을 강조하는 말이죠. 강한 의지는 없던 길도 생기게 할 정도로 힘이 세다는 의미인 것도 같습니다. 그런데 그 의지는 과연 어떻게 생겨나는 것일까요? 자신이 원해서 갖게 되는 것일까요, 아니면 남들이 다 같이 원해 자신 역시 그들을 따라 갖게 되는 것일까요? 대개 의지란 자신이 원해 갖게 되는 것이라 생각합니다. 하지만 세상에 정말 자기가 원하는 대로 생각하고 행동하며 사는 사람은 많지 않은 것 같습니다.

얼마 전 〈대니 콜린스〉라는 영화를 보았습니다. 세상 사람들이 갈구하는 것들을 거의 다 가지고 있는 슈퍼스타의 이야기였지요. 주인공인 대니 콜린스는 매일매일 무대에 서서 청중들이 원하는 노래를 부르며 살았습니다. 가족만을 위한 작은 콘서트를 열어 놓고서도 그가 부르고 싶은 노래 대신 사람들이 듣고 싶어 하는 노래만을 불렀지요. 많은 사람들의 눈에 그의 모습은 마치 꿈을 이룬 것처럼 보였을 테지만, 실상 그는 자신이 원하는 대로 살고 있지 않았습니다. 화면 속에서 열창하는 그의 모습은 마치 뭉크의 그럼 〈절규〉를 연상케 했죠.

남의 말에 휘둘려 사는 사람들의 모습은 문학 작품들 속에서도 여러 번 묘사된 적이 있습니다. 특히 셰익스피어가 남긴 4대 비극 속 주인공들은 모두가 그런 인생을 살았고 하나같이 비극 속에서 삶을 마무리 했습니다. 《햄릿》에 등장하는 햄릿 왕자는 죽은 아버지의 망령에 휘둘려 애꿎은 사람들을 아버지의 살해자로 의심하고 복수의 의지를 불태웠습니다. 《오셀로》 속 오셀로 장군은 부하의 거짓말에 놀아나 아무런 잘못 없는 아내를 살해했지요. 《리어왕》의 리어왕은 다른 딸들의 질투심 어린 이간질에 마음이 흔들려 잘못 없는 막내딸을 타국으로 시집보냈습니다. 《맥베스》의 주인공 맥베스는 들판에서 만난 마녀들이 당신은 왕이 될 것이라고 했던 예언을 철석같이 믿어 버리고 왕을 살해하고 말았지요. 이렇게 모두 남의 말을 듣고 그 말에 휘둘러 큰일을 저질러 버린 네 주인공은 모두가 비극적인 종말을 피할 수 없었습니다.

우리는 저마다 의지를 갖고 있고 그 의지를 실현하며 살고자 노력합니다. 하지만 의지란 늘 자신이 원해 갖게 된 것이라고는 볼 수 없지요. 때로는 남의 말과 생각이 내 의지를 만들어 내기도 합니다. 문제는 그런 의지도, 즉 남 때문에 생겨난 의지도 진짜 내 의지와 다름없이 내 의지처럼 보인다는 것이지요.

우리는 대체로 공부를 열심히 해야겠다는 의지를 가지고 있습니다. 특히 시험을 목전에 두고 있거나 시험이 끝나 점수를 받았는데 노력한 만큼의 결과가 나오지 않아 씁쓸한 마음이 들 때 더욱 그런 의지가 생겨나지요. 그런데 그 의지가 정말 내 의지라 말할 수 있을까요? 혹 성적표를 놓고 나를 닦달하는 엄마의 모습이 그 의지를 생겨나게 한 건 아닌지, 아니면 공부를 잘해야 훌륭한 사람이 될 수 있다고 하는 어른들의 막연한 훈계가 나로 하여금 그런 의지를 갖게 한 건 아닌지, 곰곰이 한번 생각해 보아야 할 것 같습니다.

《꽃들에게 희망을》이라는 동화책이 있습니다. 나비의 씨앗을 갖고 태어난 애벌레들의 이야기지요. 이야기 속에 등장하는 한 애벌레는 길을 가다 우연히 수많은 애벌레들이 모여 이룬 애벌레 기둥을 만나게 됩니다. 도대체 왜 이 벌레들이 모여 기둥을 이루고 있는지, 무엇을 향해 기둥 끝으로 올라가려 하는지 궁금했던 애벌레는 기둥 속에 있던 다른 애벌레들에게 무엇 때문에 이곳에 있으며 기둥 끝에는 무엇이 있는지 물어보았지요. 하지만 어떤 애벌레도 정확한 이유를 알지 못한 채 그저 올라가려 바둥거리고만 있었습니다. 남들이 하니까 따라하고 있었을 뿐이었지요. 고민하던 애벌레 역시 그 대열에 합류했습니다. 그리고 끝내 꼭대기에 이르렀습니다. 하지만 정상에는 아무것도 없었지요. 기둥 끝에서 그가 본 것은 그저 남들을 잔인하게 짓밟고 있는 자기 자신의 모습뿐이었습니다.

꼭대기에 오르기까지 애벌레는 정말 열심히 살았습니다. 노력하고 또 노력했지요. 하지만 노력의 결과는 너무나 허무했습니다. 의지를 실현했지만 아무것도 얻지 못했죠. 왜, 왜 그런 것일까요? 의지를 갖고 노력하며 열심히 살았지만 왜 결국 후회밖에 할 수 없었던 것일까요? 문제의 원인은 아마도 기둥을 오르려 했던 그 의지가 자기 의지가 아니었다는 데 있는 것 같습니다. 타인의 의지가 자기 의지의 탈을 쓰고 자기 마음과 행동을 움직였던 것이지요. 그 속임에 감쪽같이 속은 것입니다. 결과가 허무했던 이유도 바로 그 때문이죠. 탐탁지 않은 결과라도 내 의지로, 내 마음이 시키는 대로 노력해 얻은 결과였다면 그토록 후회스럽지는 않았을 겁니다. 오히려 '그래도 최선을 다했어'라며 스스로를 위로할 수 있었겠지요.

오늘날 우리는 수많은 볼거리 속에서 살아가고 있습니다. 텔레비전을 틀어야만 볼 수 있었던 광고들을 이제는 길 위에서도 마음대로 볼 수 있게 됐지요. 내 마음과 의지를 움직이는 영상들은 매일 빠른 속도로 내 눈앞을 스쳐 지나가며 마치 내 기억인 것처럼, 내 생각인 것처럼 내 머릿속에 자리를 잡습니다. 영상 속의 빛나는 휴대전화나 컴퓨터는 내 소유욕을 자극하고 '저걸 꼭 사고 싶다'는 의지를 갖게 만들죠. 의지가 생기면 우리는 곧 노력을 시작합니다. 공부를 열심히 해 부모님이 원하는 성적을 받아 낸다든가 용돈을 모으고 아르바이트를 해 결국 목표한 물건을 손에 넣고 말죠. 하지만 고작 몇 달도 채 되지 않아 그토록 만족스럽던 새 휴대전화가 싫증나고 맙니다. 내 손에 들려있는 그 휴대전화의 화면 속에서 더 멋진 새 휴대전화의 광고를 보고 또 마음이 흔들려 금세 새 휴대전화를 갖고 싶다는 생각을 하게 되기 때문이죠. 당장 갖지 못하면 주변 친구들에게 뒤처질 것만 같은 불안한 마음도 듭니다. 대체 우리는 왜 이렇게 살아야 하는 걸까요?

독일의 종교개혁가 루터는 인간에게는 **자유의지**가 있다고 믿었습니다. 신의 뜻이 아니라 자기 뜻대로 살 수 있는 자유, 자기 의지대로 행할 수 있는 자유가 있다고 믿었지요. 그런데 그는 그 의지란 오로지 하나님을 믿을 때만 얻을 수 있다고 주장했습니다. 하나님을 믿어야만 인생을 자유롭게 살 수 있다는 의미였겠지요. 그가 쓴 《그리스도인의 자유》를 보면 "구속의 자유"라는 말이 나옵니다. 구속됨으로써 자유를 얻을 수 있다, 즉 하나님께 구속되어야만 진정으로 자유로워질 수 있다는 의미입니다. 그런데 그런 의지가 정말 자유로운 의지일까요? 그렇게 얻은 의지가 정말 자신을 자유롭게 할 수 있을까요?

의지란 신의 뜻이 전제되는 순간 결코 자유로울 수 없습니다. 신의 의지를 믿는 한, 자기의 의지는 늘 구속된 것이 되고 말죠. 신의 심판을 두려워하는 인간, 지옥의 고통을 걱정하는 인간은 결코 자기가 원하는 것을 마음대로 원할 수 없습니다. 당연히 행할 수도 없고요. 먼 옛날 시장 광장에서 줄타기 묘기를 보이다가 추락해 죽음의 목전에 이른 광대가 한 명 있었습니다. 광대는 죽음을 목전에 두고도 지금 느끼는 고통보다 지옥에 가서 느낄 고통을 더욱 걱정하고 무서워했지요. 두려움 속에서 그 어떤 생각도, 아무 행동도 하지 못하는 광대를 보고 누군가 위로의 말을 건넸습니다. 그는 "영혼이 신체보다 먼저 죽을 것이며, 죽음 이후의 삶 같은 것은 없다"라고 이야기했습니다. 고대 피타고라스 때부터 계속해서 언급되어 왔던 영혼불멸설을 일순간 거부해 버린 겁니다. 이는 니체의 《차라투스트라는 이렇게 말했다》라는 책에 나오는 한 장면입니다. 광대를 위로했던 위인이 바로 차라투스트라죠.

니체는 이런 사상을 가지고 있는 철학자였습니다. 니체 철학은 이렇게 사람의 삶을 가장 한가운데 두고 있지요. 그의 철학은 그래서 **생生철학**이라고 불립니다. 인생을 이야기하는 철학이라는 의미입니다. 그에게 문제는 오로지 인생, 사람의 삶이었습니다. 삶 이후, 죽음 이후 따위는 전혀 문제가 되지 않았죠. 그는 '메멘토 비베레Memento vivere'라는 말을 만들어 외치고 다녔습니다. '인생을 기억하라'는 의미입니다. 중세 때는 '메멘토 모리Memento mori'라는 말이 유행이었죠. '죽음을 기억하라'는 의미였습니다. 모든 사람은 죽고 당신 역시 죽을 것이니 (신에 대한) 믿음을 가지라는 경고의 메시지로 사용된 말이기도 했죠. 니체는 그런 교리들에 맞서 삶을 기억하라는 구호를 외치고 다닌 겁니다.

더불어 자기 삶에 주인 의식을 가지라고도 강조했습니다. "하루의 3분의 2를 자신을 위해 갖지 않는 사람은 노예다"라고 까지 이야기했지요. 한마디로 자는 시간을 제외한 모든 시간을 자기 자신을 위해 쓰라고 일러 준 것이었습니다. 그 어떤 이념이나 가치도 자기 자신보다 더 우위를 점할 수는 없다고 주장했지요. 당시 가치의 계보도 같은 게 있었다면 아마 신이 가장 높은 곳에 있었을 텐데, 그런 신조차도 개개인의 삶을 책임질 수는 없다고 이야기했습니다. 자기 삶을 책임질 수 있는 자는 오로지 자기 자신뿐임을 끊임없이 강조했습니다.

우리는 매일 삶과 직면합니다. 매일 살아야만 합니다. 매일 새로운 의지를 가져야만 하고 그 의지를 실현하기 위해 매일 노력해야 합니다. 그런데 그러기 위해서는 끊임없이 무언가를 극복해야 합니다. 극복해야 할 대상 가운데는 자기 자신도 있죠. 니체는 하루에 열 번 자신을 극복하라고 가르쳤습니다. 그는 "인간은 오로지 극복되어야 할 그 무엇이다"라고 이야기했지요. 자신을 뛰어넘어 자신을 바로 세울 수 있는 자만이 진정한 인간이라고 주장했습니다. 실로 그런 사람이야말로 자기 인생의 주인이 될 수 있을 것입니다.

니체는 '너 자신을 알라'라는 말이 학문의 전부라고 이야기했습니다. 스스로를 아는 것이 그만큼 중요하다는 의미일 겁니다. 자기 자신을 알아야만 어떻게 살아야 할지 대충 감이 잡히는 법이죠. 아무리 좋은 지도를 손에 들고 있어도 현 위치가 어딘지 모르면 지도는 아무 짝에도 쓸모없게 됩니다. 인생은 자기 자신을 찾아가는 여행입니다. 인생의 끝에서 우리가 만날 이는 신도 부모도 선생도 아닌 바로 자기 자신입니다. 분명한 의지로 채워진 자기 자신 말입니다. '아모르 파티Amor fati.' 운명을 사랑하라는 말입니다. 인생의 끝에서 만난 자기 자신을 사랑하라는, 인생 철학자 니체가 우리에게 전한 최고의 메시지입니다.

더 깊이 생각하게 하는 책들

파우스트 / 젊은 베르테르의 슬픔

요한 볼프강 폰 괴테 지음, 곽복록 옮김, 동서문화사, 2007.

"인간은 노력하는 동안 방황한다"라는 명언을 남긴 고전. 절망과 희망을 반복하며 삶을 이어 나가는 파우스트의 모습 속에서, 과연 괴테가 추구했던 '인간의 가치'가 무엇이었는지를 확인할 수 있다. '인간을 구원하는 것은 신'이라 보았던 중세의 소극적인 구원론을 극복하고, '인간을 구원하는 것은 곧 인간의 의지'라는 적극적인 구원론을 펼쳐 낸 시대의 명작이다.

차라투스트라는 이렇게 말했다

프리드리히 니체 지음, 정동호 옮김, 니체편집위원회 감수, 책세상, 2000.

니체의 사상은 허무주의로 유명하다. "신은 죽었다"라는 명언 역시 허무주의를 대표하는 문구다. 그런데 니체의 허무주의는 신을 죽이는 것으로 끝나는 것이 아니라 인간을 살리려는 의지로 충만해 있다. 신이 아니라 인간을 삶의 주인으로 만들자는 것이 허무주의 철학의 핵심이다. 이런 니체의 철학을 바탕으로 하는 이 책은 우리에게 인생이란 개개인에게 주어진 일회적인 기회며, 그 인생을 삶에 대한 의지로 살아가는 것만이 언제나 최선임을 가르쳐 준다

그리스도인의 자유 / 루터 생명의 말

마틴 루터 지음, 추인해 옮김, 동서문화동판, 2010.

16세기 독일의 종교개혁자 루터의 종교관을 담은 책. 기독교적 의미의 자유에 대해 자세히 다뤘다. 루소는 인간에게는 자유의지가 있지만 인간을 구원에 이르게 할 수 있는 것은 오직 믿음뿐이고, 믿음의 핵심은 사랑이며 이때 사랑이란 사랑하는 것을 섬기고 또 복종하는 것을 의미한다고 주장했다.

셰익스피어 4대 비극

윌리엄 셰익스피어 지음, 김은영 옮김, 꿈과희망, 2011.

셰익스피어 4대 비극이라 불리는 네 작품, 《햄릿》, 《오셀로》, 《맥베스》, 《리어왕》을 수록한 책. 셰익스피어는 자신의 작품을 통해 주로 인간의 의지가 잘못되면 인간의 삶이 어떻게 바뀌는지를 그려 내 왔다. 특히 인간의 한계가 어떤 식으로 형성되는지를 보여 주는 그의 비극들은 언제든지 우리를 거울 앞에 불러 세우는 힘을 가지고 있다.

의지와 표상으로서의 세계

아르투르 쇼펜하우어 지음, 홍성광 옮김, 을유문화사, 2015.

앞서 설명한 쇼펜하우어의 말을 보다 깊이 있게 이해하고자 한다면 이 책을 읽어 보기를 권한다. 쇼펜하우어는 "모든 인생은 고통이다"라는 명언을 남긴 염세주의 철학자다. 인생이 고통인 이유는 마야의 베일에 싸여 있기 때문이라고 이야기했다. 염세주의 철학은 인식으로부터 자유로운 순수한 의지를 통해 고통으로부터 자유로워지는 비결을 우리에게 알려 준다.

데미안

헤르만 헤세 지음, 전영애 옮김, 민음사, 2012.

"내 속에서 솟아 나오려는 것. 바로 그것을 나는 살아 보려고 했다. 왜 그것이 그토록 어려웠을까."
책의 첫 장을 펼치면 나오는 말이다. 이 말처럼 이 책은 살아 있는 인간이란 무엇인지, 어떤 의지로 삶에 임해야 하는지, 그 과정이 얼마나 어려운지를 깊이 있게 성찰할 수 있도록 도와주는 작품이다.

행복

우리는 지금 행복한가요?

박승현

우리 학교에는 가끔 뜬금없는 질문을 던지는 선생님이 한 분 계십니다. 지난주에는 대뜸 "너희는 꿈이 뭐니?"라고 물어보셨는데 한 친구가 얼른 "행복하게 사는 거요"라고 대답했습니다. 그랬더니 선생님께서 "지금은 어떤데? 지금은 행복하지 않니?"라고 또 물어보셨고, 친구는 머뭇거리면서 "지금이 불행하진 않은데, 그냥 더 행복해지면 좋잖아요"라고 대답했습니다. 선생님과 친구가 주고받는 이야기를 들으면서 저도 잠깐 생각해 봤어요.
'나는 지금 행복한가?'
저도 친구처럼 지금이 불행하지는 않은데, 이 상태를 행복하다고 말할 수 있는 건지는 확실히 판단하기가 힘들었습니다. 얼마나 행복해야 행복하다고 말할 수 있는 건지, 행복이라는 감정이 정확히 뭔지 한 번도 생각해 본 적이 없거든요. 사람들이 말하는 행복이란 어떤 건가요? 지금 저는 행복한 걸까요?

행복에 대한 잘못된 믿음

우리 일상은 아주 바쁘게 돌아갑니다. 모두 저마다의 자리에서 열심히 자기 삶을 살죠. 물론 한 번밖에 주어지지 않는 삶을 허송세월로 보낼 수는 없기에 열심히 사는 것은 당연하지만, 다들 무엇을 위해 그렇게 열심히 살고 있는지는 잘 모르는 것 같습니다.

가끔 학생들에게 "공부는 왜 하니?"라는 질문을 던집니다. 싱거운 질문이라고들 생각하는지 "행복하게 살고 싶어서요"라고 쉽게 대답해 버리는 경우가 많죠. "행복하게 사는 게 어떤 건데?"라고 되물으면, 하나같이 좋은 대학에 입학하거나 좋은 직장에 취직해, 보다 나은 경제적 여건 속에서 풍요롭게 사는 것이 행복한 삶이라고 말합니다. 얼마나 좋은 대학에 진학하느냐, 얼마나 좋은 직장에 취직하느냐, 얼마나 많이 소비하고 얼마나 풍요롭게 사느냐가 행복의 크기를 결정짓는 겁니다. 소비 능력과 경제력이 행복의 척도가 되어 버린 것이죠.

경제적 측면에서 우리나라는 지난 오십 년간 세계에서 유례를 찾아볼 수 없을 정도로 놀라운 성장을 이룩했습니다. 절대적 빈곤에서 벗어났고 물질적 풍요 속에서 잘살게 되었죠. 하지만 "행복하세요?"라는 질문에 "행복합니다!"라고 자신 있게 대답할 수 있는 사람은 아마 이 사회에 몇 없을 겁니다. 주위를 둘러보면 '행복한 학교', '행복한 도시', '행복 주택', '행복 금융', '국민 행복 시대' 등 행복이라는 단어가 난무하고 있습니다. 그런데 진정으로 행복하다면 행복을 강조하고 강요할 필요는 없지 않을까요? 이런 구호가 난무하는 것은 아마도 지금 우리 삶이 행복하지 않기 때문일 겁니다.

우리나라는 몇 년째 OECD 회원국 중 자살률이 가장 높은 나라라는 오명을 벗지 못하고 있습니다. 우울증, 스트레스, 경제적 빈곤, 질병 등 여러 가지 자살의 원인 가운데 가장 큰 원인은 불행, 즉 사는 게 행복하지 않아서라고 밝혀졌지요. 자살률만이 아니라 이혼율도 세계에서 가장 높은 수준에 있습니다. 매년 약 11만 5,000쌍이 이혼을 한다고 합니다. 국민 전체의 행복도는 OECD 회원국 중 중하위권에 머물러 있으며 청소년의 행복도는 조사에 응한 스물세 개국 중 꼴찌를 기록했습니다. 최근 등장한 '헬조선'이라는 단어는 이 땅에서 살아가는 것이 결코 행복이 아닌 불행이라는 의미를 내포하고 있지요. 오늘날 우리 삶은 왜 이렇게 고달프고 우울할까요? 예전보다 더 풍족한 환경에서 더 좋은 음식을 먹고 더 좋은 집에서 살고 있는데, 왜 과거의 삶보다 지금의 삶이 더 행복하다고 말하는 사람은 많지 않을까요? 더 행복하기는커녕 가난했던 과거에는 느끼지 못했던 불행까지 느끼며 살고 있으니, 소비 능력과 경제력이 행복을 가져다줄 것이라는 우리 믿음은 어쩌면 사실이 아닌 허상이라고 보아야 하는 것 아닐까요?

오늘날 대다수의 사람들은 행복을 단지 마음의 문제라고 생각하지 않습니다. 마음이 풍요로운 사람보다는 물질적으로 풍족한 사람, 사회적으로 성공한 사람이 더 행복할 거라고 생각하지요. 때문에 수단과 방법을 가리지 않고 부와 명예를 얻으려 노력합니다. 더 큰 행복을 위해 소소한 행복은 희생하고, 나중의 행복을 위해 지금의 행복은 포기하는 사람들도 많지요. 오늘날 많은 사람들이 겪고 있는 우울증과 스트레스 같은 정신 질환, 우리 사회에 산재해 있는 여러 병리 현상들은 결국 이런 잘못된 믿음들에 기인한 것입니다. 행복에 대한 잘못된 믿음이 우리 삶을 고달프고 불행하게 이끈 것이지요.

그렇다면 어떻게 살아야 진정으로 행복할 수 있을까요? 진짜 행복이란 과연 무엇이라 정의할 수 있을까요? 사실 행복은 한마디로 정의하기는 힘든 개념입니다. 시대에 따라 의미가 계속 변화해 왔고, 종교와 학파에 따라서도 행복을 정의하는 방식이 각각 다르기 때문입니다. 고대 그리스의 철학자 아리스토텔레스는 행복하기 위해서는 중용의 지점을 찾아내는 실천적 지혜가 필요하다고 주장했습니다. 중용의 덕을 지키려고 노력하는 가운데 덕인이 될 수 있고, 덕인이 됨으로써 행복해질 수 있다고 이야기했지요. 헬레니즘 시대의 에피쿠로스학파는 고통이 없는 평온한 마음의 상태를 행복이라고 정의했습니다. 동시대의 스토아학파는 행복과 금욕을 동일하게 생각했지요. 얻을 수 없는 것을 얻으려 하면서 고통받지 말고 차라리 포기하여 마음의 평화를 누리라고 가르쳤습니다. 두 학파의 주장은 서로 달랐지만 행복이란 곧 마음의 평화며, 평화란 욕망을 줄일 때 비로소 얻을 수 있다고 가르쳤다는 점에서는 서로 통하는 면이 있습니다. 근대 독일의 철학자 칸트는 행복하기 위해서는 먼저 도덕적이어야 한다고 주장했습니다. 아무리 많은 부와 권력도 도덕적이지 못한 방법으로 얻은 것이라면 그것이 결코 한 사람의 인생을 만족스럽게 해 주지는 못한다고 이야기했지요. 그는 행위의 동기는 행복이 아니라 옳음이어야 한다고 가르쳤습니다. 도덕을 지키려는 선한 의지로 옳은 행동을 하다 보면 결국 자기 삶에 만족할 수 있게 되어 행복을 얻을 수 있게 된다고 이야기했습니다.

지금 우리 사회에서 통용되고 있는 행복의 개념은 이백여 년 전 공리주의자들이 정립한 개념입니다. 공리주의자들은 한 개인의 행복이 아니라 사회 전체의 행복을 추구하여 보다 '큰' 행복을 이루어야 한다고 주장했습니다. 소수의 희생으로 다수가 행복해질 수 있다면 그 희생은 어쩔 수 없이 감내해야 하는 것이라고 이야기했습니다. 공리주의의 대가로 불리는 영국의 철학자 벤담은 '최대 다수의 최대 행복'을 추구했습니다. 그의 주장은 행복은 측정할 수 있다는 생각을 전제합니다. 여러 개의 행복을 모아 큰 행복을 이룰 수 있다는 것은 행복을 양적인 개념으로 본다는 의미죠. "더 큰 행복을 위해 미래에 투자하세요"와 같은 광고 문구를 본 적이 있을 겁니다. 행복이라는 단어 앞에 '큰'이라는 수식어를 붙인 이 말에 역시 행복은 측정이 가능하고 계산할 수 있는 것이라는 생각이 반영되어 있습니다.

그런데 우리가 느끼는 크고 작은 행복들을 한번 모두 나열해 봅시다. 맛있는 음식을 먹으며 느끼는 행복, 좋은 사람을 만나며 느끼는 감사함, 원하던 물건을 손에 넣어 느끼는 만족감, 열심히 준비하던 일을 마침내 이뤄 느끼는 성취감……. 이루 다 헤아릴 수도 없을 만큼 많고 다양한 행복들이 있습니다. 이 가운데 가장 큰 행복은 무엇인가요? 나에게 가장 큰 행복이 내 주변 사람들에게도 가장 큰 행복인가요? 혹시 나에게는 행복이지만 남에게는 불행인 것은 없나요? 그렇다면 행복에 대해 이야기할 때 그 행복은 도대체 어떤 행복인가요? 누구의 행복인가요? 어쩌면 나의 행복은 오로지 내 기준에서만 행복일 뿐 다른 사람에게는 행복이 아닐 수도 있습니다. 가끔 농담처럼 "남의 불행이 나의 행복"이라는 말을 하는 사람들도 있잖아요? 우리는 이제껏 행복이라는 한 단어를 제각각 다른 의미로 사용하고 있었을지 모릅니다. 서로 너무나 다른 행복을 추구하면서 나의 행복과 상대의 행복을 비교하고, 나의 행복을 상대에게 강요했을지도 모르죠. 또한 수많은 사람들이 행복한 삶을 위해 추구해 왔던 부와 명예가 결국 행복을 가져다주지 못한 것을 보면, 지금 우리가 추구하고 있는 행복은 실체가 존재하지 않는 텅 빈 개념일 수도 있습니다. 행복은 분명 우리 시대 최고의 가치 중 하나며 모두가 행복을 추구하고 있지만 행복에 관한 논의 속에 진짜 행복은 없고, 어느 누구도 제대로 된 행복이 무엇인지는 알지 못하고 있는 겁니다.

허상에 지나지 않는 행복을 좇는 삶이 결과적으로 행복해지는 일은 아마 없겠죠. 그렇다면 지금 우리는 행복을 좇아야 하는 시점이 아니라, 행복이란 과연 무엇이며 어떻게 해야 삶을 통해 행복을 실현할 수 있을지 찾고 고민해야 하는 시점에 있는 것이 아닐까요? 행복을 향한 달리기를 잠깐 멈추고 행복에 관한 근본적인 물음을 던져야 하는 시점에 이르렀다고 보아야 할 것입니다.

우리를 불행하게 하는 것들

행복은 명실공히 우리 시대 최고의 가치입니다. 역사적으로 지금처럼 행복에 매달려 살았던 시대는 없었지요. 기술 문명의 발달로 물질적 풍요 속에 살게 되며, 사람들은 더 이상 삶의 양적 풍요가 아닌 질적 향상에 관심을 갖기 시작했습니다. 행복에 대한 관심은 이때부터 급격히 증가했죠.

행복은 추구하는 삶의 가치가 무엇이냐에 따라 달라지기 마련입니다. 하지만 대개의 사람들은 그저 행복하기만을 바랐을 뿐, 삶의 질 향상을 위해 삶의 방향을 어떻게 잡아야 할지, 어디에서 삶의 의미를 찾아야 할지에 대해서는 좀처럼 고심하지 않았습니다. 그래서 결국 자신을 행복하게 해 주는 것이 무엇인지 제대로 알지 못한 채 외형적인 행복만을 좇기 시작했습니다. 재산을 늘리고 권력을 장악하고 명예를 얻으면 마침내 행복해질 거라는 막연한 생각을 가지고 맹목적으로 물질적 행복만을 추구했습니다.

그런데 이런 식의 행복 추구는 결국 우리를 행복이 아니라 불행에 이르게 합니다. 영국의 현대철학자 러셀은 《행복의 정복》이라는 책에서 경쟁, 권태, 피로, 질투, 피해망상, 죄의식, 여론에 대한 공포가 오늘날 우리 삶을 불행하게 만드는 요인들이라고 이야기했습니다. 러셀이 언급한 요인들은 모두 돈, 권력, 명예 등을 추구하는 사람들에게는 결코 피할 수 없는 숙명과 같은 것들이지요. 이외에도 오늘날 우리 사회에는 행복을 좇는 사람들을 불행으로 이끄는 여러 병리 현상들이 상존합니다. 구체적으로 어떤 것들이 우리를 불행하게 하는지 함께 자세히 살펴봅시다.

청소년들의 일상을 다룬 영화나 드라마 속에서 우리는 흔히 성적 비관으로 자살하는 친구들의 모습을 볼 수 있습니다. 그런 친구들은 대개 오랫동안 일등 자리를 지켜온 소위 우등생들이죠. 일등 자리를 지켜야 한다는 부담감 속에서 늘 불안해하며 공부만 하다가 이등이 되는 순간 자살을 결심합니다. 오직 일등만이 살아남을 수 있다는 어른들의 폭력적 신념이 그 아이들의 삶을 죽음으로 내몬 것이죠. 우리를 불행하게 하는 첫 번째 요인, 바로 **일등주의**의 한 단면입니다. 어른들은 늘 열심히 공부해서 '좋은 대학'에 가야 한다고 말씀하십니다. 어른들이 말하는 좋은 대학이란 높은 성적을 받아야만 들어갈 수 있는 소위 명문대죠. 우리나라에 있는 모든 대학교에는 보이지는 않지만 모두가 다 아는 서열이 매겨져 있다고 해도 과언이 아닙니다. 그리고 졸업 이후까지 대학의 서열로 사람의 능력과 가치를 평가하는 곳이 바로 우리 사회입니다. 그래서 우리는 지금 당장은 행복하지 않아도 미래에 행복하기 위해 무조건 열심히 공부해야 한다는 강요를 받습니다. 적성에 맞는 학과에 진학해 꿈을 찾아 살기보다는 가능한 서열이 높은 대학에 입학해 미래의 행복을 보장해야 한다고 말씀하시는 어른들도 있습니다. 그런데 과연 이런 식으로 미래의 행복에 도달하는 것이 가능할까요? 무한 경쟁 속에서 언제까지 일등을 해야 비로소 행복한 삶을 살 수 있게 될까요?

최근에는 조금 나아졌지만, 올림픽에 나가서 은메달을 따고도 죄인 같은 모습으로 눈물을 보이는 선수들은 세계적으로 우리나라 선수들밖에 없는 것 같습니다. 아직도 메달의 색깔만으로 선수의 기량과 한계를 평가하고 이등은 패배자로 낙인찍는 곳이 전 세계에 우리나라밖에 없다는 의미기도 하죠. 이런 모습은 **완승完勝의 논리**와도 맞닿아 있습니다. 완승의 논리란 '승자 독식'을 말합니다. 근소한 차이로라도 승자가 되는 사람에게 모든 힘과 이익을 다 몰아주고, 패배자는 재기의 기회조차 주지 않고 퇴출시켜 버리는 비정한 행태가 바로 그것입니다. 그런데 어려서부터 승자가 되는 법만 배웠지 더불어 살아가는 지혜와 타인을 인정하는 아량은 갖지 못한 사람이 과연 행복할 수 있을까요? 그럴 수 없습니다. 승자의 위치에서 패배한 다른 사람들을 인정하지 않고 모든 것을 독식하며 사는 사람은 결국 고립되어 외로움과 고독 속에 살게 될 것입니다.

다음으로 우리를 불행하게 하는 두 번째 요인은 '뭐든 특별한 것이 좋은 것'이라는 현대의 새로운 고정관념입니다. 질서와 획일성이 강조되었던 과거 사회에서는 튀는 것이 곧 흉이며 흠이었지요. 하지면 지금은 '너무 평범하다'는 말이 오히려 더 나쁜 의미로 쓰입니다. 특별해 보이는 것만이 가치 있는 것으로 평가받고, 평범하고 눈에 띄지 않는 것은 쉽게 도태되어 버립니다. 사실 삶을 특별하고

개성 있게 살아가는 것은 나쁜 것이 아니며 오히려 필요한 태도죠. 하지만 지금 우리 사회의 사람들은 주로 내면적인 특별함이 아닌 외형적인 특별함을 통해서만 자기 특성을 드러내려 합니다. 바로 그 점이 문제입니다. 오로지 남들보다 더 눈에 띄기 위해서 스스로를 특별하게 치장하고 가꾸는 것은 치열한 경쟁 사회에서 살아남기 위한 일시적인 몸부림일 뿐입니다. 동시에 시각을 자극해 소비를 부추기는 기업들의 상술에 놀아난 이들의 행동이죠. 오늘날 기업들은 끊임없이 유행을 창조하고 대중매체를 이용하여 그것을 선전해, 유행을 따라가지 못하는 '평범한' 사람들을 상대적 빈곤감에 빠지게 합니다. 사람들은 그들의 속임수에 넘어가 더 특별하고 세련돼 보이기 위해 남보다 더 잘나 보이고 어디서든 눈에 띌 수 있게, 때마다 새 옷을 사고 겉모습을 치장하기에 여념이 없죠. 자연히 내면을 가꾸고 아름답게 하는 데는 소홀해졌습니다. 그러면서 행복으로부터도 멀어졌죠. 자신의 마음이 무엇을 통해 행복을 느끼는지 모르는 사람이 행복해지기는 결코 쉽지 않습니다.

마지막으로 **물질만능주의** 역시 오랫동안 우리의 행복을 방해해 온 주요 요인 중 하나입니다. 지금 우리 주변에는 권력도 명예도 건강도 전부 돈으로 살 수 있다고 생각하는 사람들이 너무나 많습니다. 그런 생각이 이 사회 전체를 뒤덮고 있죠. 사실 돈이 없으면 불편한 일들이 많이 생깁니다. 가난은 때로 우리 삶을 매우 불편하게 만들죠. 하지만 가난은 결코 부끄러운 것이 아니며, 가난을 부끄러운 것으로 여기게 하는 사회는 매우 위험한 사회입니다. 불행하게도 지금 우리는 돈 없는 것이 곧 부끄러운 것이 되어 버린 사회에 살고 있습니다. 돈이 권력을 만드는 사회, 돈이 사람을 통치하는 사회에 살고 있죠. 대다수의 가난한 사람들은 무기력감과 박탈감 속에서 삶의 행복을 느끼지 못하며 살고 있습니다. 부자들 역시 오로지 물질만을 좇으며 허상에 불과한 행복을 바라보며 살고 있죠.

이 세 가지 외에도 우리 사회에는 우리를 불행하게 하는 요인들이 아주 많습니다. 어떤 사람들은 우리를 불행하게 하는 이런 사회 병리 현상들이 우리 사회의 구조적 모순 때문에 발생한다고 이야기합니다. 물론 공리주의를 기반으로 한 자본주의 체제에는 문제가 많죠. 하지만 그보다 더 먼저 지적하고 싶은 것은 삶의 방향에 대한 고민 없이 살아가고 있는 오늘날 우리들의 모습입니다. 삶을 행복으로 이끌기 위해 가장 먼저 해야 하는 것은 스스로에게 질문을 던지는 것입니다. 무엇이 나를 행복하게 하는지, 나는 무엇을 통해 행복을 느끼는 존재인지. 즉 자신이 어떤 존재인지 알지 못하고는 행복이 무엇인지도 알 수 없습니다. 삶을 고민하고 자아를 찾을 때 비로소 행복에 가까워질 수 있죠. 진정한 자아가 상실된 삶에서는 행복을 기대하기 어렵습니다.

그런 의미에서 지금 우리의 교육 역시 제 책임을 다하지 못하고 있다고 이야기할 수 있습니다. 오늘날 우리 교육은 극심한 경쟁 사회에서 살아남는 데 필요한 기술을 가르치기에 급급합니다. 도덕적인 삶의 필요성과 바르게 살아가기 위한 방법을 가르치기보다는 경쟁에서 승리하는 방법과 승리를 위한 도구를 획득하는 방법을 가르치고 있습니다. 가르치는 사람도 배우는 사람도, 함께 더불어 사는 것보다 승자로 사는 것이 더 행복한 삶이라는 인식을 가지고 있는 겁니다. 승자로서의 삶을 살기 위해서는 일단 사회적으로 성공해야 합니다. 사회적으로 성공하기 위해서는 좋은 직장, 좋은 대학에 들어가야 하죠. 때문에 지금 우리 교육은 대학 입시에 맞춰 국어, 영어, 수학 교육만을 중시합니다. 입시와 관련 없는 음악, 미술, 체육 교육은 삶을 아름답고 건강하게 하는 데는 필요하지만 승자가 되거나 살아남는 데는 직접적인 도움을 줄 수 없기에 경시될 때가 많습니다.

물론 생존을 위한 노력은 중요합니다. 하지만 모든 사고와 활동의 초점을 오로지 생존에만 맞춰 사는 것은 우리 삶의 수준을 약육강식, 적자생존의 법칙으로만 작동되는 동물들의 세계에 머물게 하는 것과 다르지 않습니다. 동물적인 삶을 넘어서서 인간적인 삶을 살기 위해서는 반드시 생존을 넘어 **공존**까지 고민해야 합니다.

공존을 고민하는 삶 속에서 우리는 도덕이라는 가치를 만나게 됩니다. 도덕은 법률과 달리 외적 강제력으로 실현되는 것이 아니라 자발적인 의지로 발현되는 것이죠. 즉 공존을 고민하는 삶에서 만나게 되는 도덕은 우리의 자유로운 행동을 억압하거나 규제하는 기제로 작동하지 않습니다. 인간다움을 실현하고 인간의 존엄성을 확보하게 하여 행복한 삶을 살 수 있게 하는 출발점이 되어 줍니다.

진정한 행복을 찾아서

오늘날 우리는 이렇게 행복을 물질적 풍요나 자기 욕구가 충족될 때 불시에 찾아오는 감정으로 이해하며 살고 있습니다. 그래서 행복하려면 재산, 권력, 명예, 건강과 같은 것들이 충족되어야 한다고 생각하죠. 그런데 이런 외형적이고 물질적인 가치에 집착하면 행복은 오히려 더 멀어집니다. 물질적인 것들을 충족해 얻을 수 있는 감각적 만족만을 추구하다 보면 결국 나중에는 삶의 공허감밖에 남지 않게 되죠.

진정으로 행복하기를 원한다면 삶의 목표를 행복이 아니라 '좋은 삶'으로 정해야 합니다. 행복이란 돈으로 사거나 권력으로 쟁취하여 얻을 수 있는 것이 아니라, 좋은 삶을 추구하는 과정 속에서 자연히 만나게 되는 것입니다. 따라서 생각을 전환하여 행복이 아니라 좋은 삶을 좇으면 그 속에서 행복은 쉽게 찾을 수 있을 겁니다. 그런데 좋은 삶을 살기 위해서는 반드시 갖춰야 하는 몇 가지 전제 조건들이 있습니다. 그래서 지금부터는 그 조건들에 대한 이야기를 함께 나눠 보려 합니다.

첫 번째 조건은 자존감입니다. 자존감이 없는 사람은 자신의 삶을 긍정하지 못하고 타인에 대한 배려와 존중을 실천할 수 없습니다. 자존감은 자존심 혹은 자부심과는 구별되는 개념이죠. 자존심과 자부심은 다른 사람과 자신을 비교하는 데서 나오는 감정입니다. 치열한 경쟁 사회에 살다 보면 남보다 우위에 서야 한다는 강박관념이 항상 우리 뇌리를 떠나지 않죠. 다른 사람과 비교해서 자신이 좀 나으면 금방 우쭐하는 우월감이 생기고, 자신이 못하다고 생각되면 열등감이 생겨서 위축되고 맙니다. 자기보다 낮은 지위에 있는 사람을 함부로 대하는 태도를 요즘 말로 '갑질'이라고 하죠? 타인과 자신을 비교하여 자신이 타인보다 우월한 지위에 있다고 생각하고, 그렇게 느낀 우월감으로 상대에게 자신을 존중해 주기를 강요하는 태도가 바로 갑질입니다. 갑질이야말로 자존감이 아니라 자존심에서 비롯되는 태도죠.

반면 자존감은 있는 그대로의 자신을 존중하는 데서부터 시작되는 감정이기에 다른 사람들에 의해서 꺾이거나 높아지지 않습니다. 자신의 존재를 있는 그대로 존중하는 사람은 우월감이나 열등감에 휘말리지 않고 잘나면 잘난 대로, 못나면 못난 대로 자신을 온전히 인정하지요. 남보다 낫다고 우쭐대지 않고, 남보다 못해도 위축되지 않습니다.

자신을 존중하고 인정한다는 것은 스스로를 삶의 주인으로 생각한다는 말이기도 합니다. 따라서 자존감이 높은 사람은 삶의 어려움을 만났을 때도 자기 삶에 주인 의식을 가지고 그 난관을 극복하려 합니다. 반면 자존감이 낮은 사람들은 그렇지 않죠. 스스로 해결방안을 모색하려 하지 않고 당면한 문제를 회피하려고만 합니다.

오늘날 우리 주변에 삶에 대한 책임감이라고는 없이 열등감 속에서 살아가고 있는 사람들이 많은 것은 자존감의 상실과 깊은 관련이 있습니다. 따라서 남과 자신을 비교하는 태도를 버리고 있는 그대로의 자신을 사랑하며 건강한 자존감을 회복하려는 사람들이 늘면, 우리 사회는 자신의 삶을 스스로 책임지고 살아가는 주체적인 사람들로 가득 차게 될 것입니다. 열등감과 우월감으로 불행한 삶을 사는 사람들도 점차 줄어들게 되겠죠. 그 과정에서 행복은 굳이 찾지 않아도 자연스럽게 우리 삶으로 들어오게 될 것입니다.

두 번째 조건은 인간관계입니다. 건강한 인간관계는 삶의 활력소가 되죠. 가족들의 따뜻한 위로와 직장 동료들 간의 동반자 의식, 연대감은 삶의 긴장감과 고독감을 덜어 주는 역할을 합니다. 그런데 삶의 위기 속에서도 타인을 배려하고 건강한 인간관계를 유지하는 것은 여간 어려운 일이 아닙니다. 불행하게도 우리나라 사람들은 IMF 사태*를 겪으며, 경제적인 구조조정뿐만 아니라 인간관계의 단절까지 경험했습니다. 평생직장의 개념이 사라지고 정규직과 구별되는 비정규직**이 양산되며 한 직장 내에서도 동반자

의식을 기대하기가 힘들어졌죠. 사회 양극화가 급속도로 진행되어 사회 전체의 연대감 역시 약화되었습니다. 사람들은 점차 책임이 따르는 관계를 부담스러워하고 회피하기 시작했습니다. 가족 모임, 동창회, 향우회 등의 모임이 현저히 줄었습니다. 반면 동호회 모임은 갈수록 더 활기를 띠었죠. 책임이 따르지 않는 관계, 약한 책임이 따르는 관계만을 지향하는 사람들의 심리가 반영된 결과입니다.

'명절증후군'이라는 말은 오늘날 우리 사회의 인간관계의 현실을 여실히 나타내 주는 단어입니다. 명절이 되면 일가친척들이 모두 한자리에 모여 음식을 나누고 제사를 지내며 서로가 가족임을 확인합니다. 만약 그 모임이 즐겁다면 아무리 사람이 많이 모이고 준비하는 과정이 수고스러워도 그에 따르는 노동이 고통스럽지 않겠죠. 하지만 그 모임이 의미 없게 느껴지고 부담스럽게 생각되면 그에 따르는 노동은 순전히 고통일 것입니다. 즉 '명절증후군'이라는 말은 오늘날 대다수의 사람들이 가족을 기댈 곳으로 생각하지 못하고 있고 가족들과의 만남을 부담스러워한다는 의미를 내포

★ IMF 사태 — 1997년 12월 3일, 국가부도 위기에 처한 대한민국이 국제통화기금(IMF)으로부터 자금을 지원받는 양해각서를 체결한 사건. 이후 많은 회사들이 부도로 도산했고, 그 과정에서 대량해고 사태가 일어나 온 국민이 큰 어려움을 겪었다.

★★ 정규직과 비정규직 — 정규직 노동자란 임금을 지급하는 사용자와 직접 '기간의 정함이 없는 근로계약'을 체결하고 일하는 노동자를 말한다. 비정규직 노동자는 우리가 흔히 계약직, 임시직, 일용직으로 분류하는 노동자로 정규직 노동자와 달리 근로방식 및 기간, 고용의 지속성 등을 보장 받지 못한다.

하고 있습니다.

그런데 가족 관계는 우리가 맺는 모든 인간관계 중에서 가장 먼저 형성되며 다른 관계들의 기초가 됩니다. 따라서 관계의 회복을 위해 가장 먼저 돌아보고 돌보아야 하는 것 역시 가족이죠. 그런데 지금 우리 사회에 가족을 돌보고 가족 관계를 무엇보다 중요하게 생각하는 이들은 그리 많지 않습니다. 과도한 교육열로 아이들은 어려서부터 집 주변이 아니라 학원가를 전전하고 있고 가족의 생계를 책임지는 부모들 역시 바쁜 직장 일로 가정을 돌보는 데 많은 시간과 노력을 쓸 수가 없습니다. 온 가족이 함께 모여 식사할 시간조차 없는 것이 오늘날 우리의 현실이죠. 심지어 가족 중 일부만이 교육 이민을 떠나 어린 시절을 한쪽 부모님과만 보내게 되는 아이들도 많습니다. 《중용》에 "군자의 도리는 부부에서 시작된다〔君子之道 造端乎夫婦〕"라는 말이 있습니다. 올바른 사회는 건강한 가정을 기초로 형성될 수 있고 건강한 가정은 평등하고 건전한 부부 관계가 만드는 것이라는 의미입니다. 이 말처럼 부부 관계는 가족 관계의 근본이며 태어나 처음으로 인간관계를 배우는 자식들에게 가장 영향력 있는 본보기가 됩니다. 오늘날 이런 본보기가 부재한 가정 내에서 아이들은 과연 무엇을 토대로 인간관계를 배워야 할까요? 삶의 경험조차 공유되지 않는 가정 내에서 가족애와 연대감을 배우기는 아마 힘들 겁니다. 우리는 과연 무엇을 위해서 이렇게 살고 있는 걸까요? 다들 자식들의 성공과 미래의 행복을 위해 그렇게 산다고들 말하지만 이런 삶이 정말 행복한 삶을 위한 선택인지 한번쯤은 스스로에게 질문해 보아야 할 것 같습니다.

건강한 인간관계의 회복을 위해 또 하나 돌아보아야 하는 것이 있죠. 바로 가상공간에서의 인간관계입니다. 얼마 전부터 저는 '페이스북'에 제 일상의 일을 게재하는 활동을 중단했습니다. 누군가 제 게시물을 읽고 '좋아요'를 누르기를 기다리고 있는 제 모습이 초라하게 느껴지기도 했고, 동시에 잘 알지도 못하는 사람들로부터 받는 '좋아요'가 무슨 의미가 있을까 하는 회의감도 들었기 때문입니다. 또 한편으로는 친하지 않은 사람들의 일상까지 보게 되는 것이 내심 불편하기도 했고, '사람들과의 관계를 이런 식으로 발전시켜 나가는 것이 건강한 인간관계 형성에 도움을 줄 수 있을까?'라는 생각을 해 보니, 따뜻한 숨결이 느껴지지 않는 가상공간에서의 만남은 결국 고독만 더 깊어지게 할 뿐인 것 같다는 결론에 이르렀습니다. 수없이 날아오는 '카카오톡' 메시지를 받으면서도 문득 이런 식으로 사람들과 소통하고 있는 제 자신이 너무나 고독해 보였던 때가 있었죠. 아마도 그건 진정한 만남에 대한 그리움에서 비롯된 고독이었을 겁니다. 그러니 이런 고독과 가상공간에서 느끼게 되는 삶의 공허감은 결국 서로의 정감을 느낄 수 있는 실질적인 만남의 기회를 자주 가지면 자연히 해결될 것입니다. 가상공간에서의 만남을 실질적 만남으로 착각하지 않도록 주의하고, 휴대전화의 공해에서 벗어나는 길이 공허해진 삶을 다시 따뜻하게 채울 수 있는 방법일 것입니다.

좋은 삶을 살기 위해 갖춰야 하는 세 번째 조건은 자기 극복의 과정입니다. 이 시대를 살고 있는 대다수의 사람들은 희망과 이상을 가지고 저마다의 삶을 살고 있다기보다는, 그저 경쟁 사회 속에서 생존하기 위한 노력을 하고 있습니다. 생물학적 인간으로서의 삶을 살고 있는 것이죠. 그런데 인간은 생물학적으로는 동물의 한 종種일뿐입니다. 따라서 생물학적 차원의 삶 속에서는 인간의 존엄성도, 인간다움도 논할 수가 없죠. 하지만 인간이라는 존재는 분명 동물과 다르며, 생물학적 인간으로서의 삶에서는 결코 삶의 만족과 행복을 느낄 수가 없습니다. 행복하기 위해서 인간은 인간다운 삶을 살아야 하며, 인간다운 삶은 생물학적 차원의 삶을 넘어서 도덕적 차원의 삶을 살 때 비로소 실현됩니다.

도덕은 생존이 아닌 공존을 고민하고 사는 삶 속에서 만날 수 있는 가치입니다. 공존을 고민하고 산다는 것은 '사회 내에서 인간은 응당 인간적으로 살아야 한다'는 삶의 책임감을 자각하고 인간으로서 마땅히 해야 할 일들을 실천하며 살고자 노력한다는 의미죠. 그런 삶 속에서는 인간의 **무한성**이 실현됩니다. 현실적 인간은 시간과 공간의 한계 내에서 살아가는 유한한 존재지만 인간다움을 실현해야 한다는 삶의 책임을 자각하고 그 책임을 다하기 위해 노력하면 그로써 위대해지고 무한해질 수 있습니다. 무한해진다는 것은 인간의 육체가 시공의 한계를 넘어 무한해지는 것을 말하는 것이 아닙니다. 비록 우리는 시공의 한계 속에 있지만 우리가 우리의 본체를 체현해 내면 우리 생명이 무한의 의미를 얻을 수 있다는 의미입니다. 그 속에서 우리는 참다운 인간을 형성할 수 있고, 진정한 행복의 길로 나아갈 수 있습니다.

인간의 삶은 시작부터 끝을 전제로 합니다. 우리는 언젠가 삶의 무대에서 내려가야만 하죠. 그래서 삶을 비극이라고 하는 것입니다. 하지만 시간과 공간의 한계 내에서도 인간적인 삶을 살아야 한다는 책임감을 절감하고 인간으로서 마땅히 해야 할 일들을 자각해 실천하며 살아간다면, 그 인생은 분명히 한 단계 도약할 수 있습니다. 그 인생 역시 유한하기는 마찬가지지만 그런 인간의 가치는 무한해질 수 있습니다. 앞서 삶에 대한 책임감은 스스로를 삶의 주인으로 인정하는 태도, 즉 자존감에서 비롯된다고 이야기했죠. 따라서 행복한 삶을 살고자 한다면 가장 먼저 자신의 모습을 있는 그대로 인정하고 존중할 수 있는 용기를 가져야 합니다. 그 용기를 삶을 통해 발휘할 때 진정한 행복이 삶 속으로 한 발짝 더 다가오게 될 것입니다.

더 깊이 생각하게 하는 책들

행복

게오르크 쉴트함머 지음,
콘라트 파울 리스만 엮음, 최성욱 옮김,
이론과실천, 2014.

고대부터 현대까지, 서양에서 오간 행복에 관한 담론들을 읽기 쉽게 정리해 놓은 책. 행복이란 일부 공리주의자들이 마치 특권처럼 추구했던 가치가 아니라 모든 사람들이 보편적으로 추구해 온 가치, 누군가는 인생의 목표로도 삼아 온 가치다. 우리는 이제까지 이 행복을 어떻게 논해 왔을까? 시대에 따라, 문화권에 따라, 개인의 처지에 따라 변해 온 행복의 의미를 간략히 한눈에 살펴보기에 적합한 책이다.

행복은 어디에 있는가

리처드 스코시 지음,
정경란 옮김,
문예출판사, 2008.

공리주의자들이 정의하는 행복, 불교도들이 추구하는 행복, 기독교인들이 말하는 행복의 전제 등 행복에 관한 논의들을 폭넓게 다루고 있는 책. 글쓴이는 사람들은 모두 저마다의 방식으로 행복을 느끼며 살아간다는 점을 계속해서 강조한다. 즉 행복이란 개개인이 수행해야 하는 삶의 체험이지, 행복에 관한 이론이나 모두에게 통용될 수 있는 행복해지는 방법은 없다는 것을 가르쳐 주는 책이다.

행복산업

윌리엄 데이비스 지음, 황성원 옮김,
동녘, 2015.

웰빙, 힐링, 행복지수, 긍정의 심리학. 행복에의 강요가 우리의 일상을 장악한 '행복산업'의 시대, 우리의 감정은 어떻게 측정과 통제의 대상이 되었으며, 자본주의의 새로운 최전선에 서게 되었는가? 이 책은 이런 질문을 제시하고, 하나하나 답해가며 행복이라는 감정을 산업에 끌어와 쓰는 우리 사회의 씁쓸한 모습을 이야기하는 책이다.

행복 스트레스

탁석산 지음,
창비, 2013.

맹목적으로 행복에 집착하는 우리 현실에 대한 날카로운 비판. 오늘날 우리는 행복을 강요받아 생긴 강박, 즉 '행복 스트레스'에 시달리며 산다. 생긴지 이백 년도 채 되지 않는 행복이라는 개념은 어떻게 시대의 키워드가 되었을까, 행복 중심적인 사고방식은 어떻게 우리 삶을 왜곡하는가? 이런 질문들에 대한 답을 제시하며 행복 스트레스에서 벗어날 성찰적인 대안까지 모색하고 있는 책이다.

행복의 정복

버트런드 러셀 지음,
이순희 옮김,
사회평론, 2005.

철학자 러셀이 말하는 행복론. 크게 2부로 구성되어 있다. 1부에서는 인간이 불행을 느끼는 일상적 원인을 분석하면서 그 극복 방안을 제시하고, 2부에서는 러셀이 생각하는 행복의 비결을 제시하는데, 특히 삶에 대한 열정과 폭넓은 관심을 강조하고, 사랑의 신비, 일의 소중함에 대해 언급한다. 행복이란 끊임없이 쟁취해야 한다는 것이 이 책의 가장 주된 메시지다.

자존감의 여섯 기둥

너새니얼 브랜든 지음, 김세진 옮김,
교양인, 2015.

자존감이라는 개념을 처음으로 확립해 대중에게 알리고, 자존감의 근원과 작동 원리를 명확히 밝힌 미국의 심리학자 브랜든의 대표작. 자존감의 의미부터 자존감을 높이는 방법까지, 자존감을 둘러싼 이론과 현실을 폭넓게 다루고 있는 책이다.

건강

건강을 챙기는 사람들이 놓친 진짜 건강

박남희

이상하게도 요즘 엄마의 잔소리가 바뀌었습니다. 틈만 나면 "공부해라", "책 좀 읽어"라고 닦달하시던 엄마가 이젠 "손 좀 씻어라", "건강하게 먹어라", "운동해야지"하는 말씀을 더 자주 하십니다. 그런데 우리 엄마만 바뀐 게 아닌가 봅니다. 영미와 주찬이 어머니도 이런 말씀을 하신다니 말입니다.
잔소리 안 하기로 유명하셨던 영미 어머니까지 그러신다니,
분명 어떤 변화가 있는 게 분명합니다. 도대체 무슨 변화가 생긴 걸까요?
그리고 왜 이런 변화가 생긴 걸까요?

건강을 좇는 사람들

요즈음 들어 건강을 챙기는 사람들이 부쩍 많아졌습니다. 경제적인 여유가 생기면 건강에 대한 관심도 늘어난다고는 하지만, 엄마들이 이렇게 변한 건 그런 이유 때문만은 아니죠. 아마도 2015년에 우리 모두를 두려움에 떨게 한 낯선 질병 때문일 것입니다. 메르스MERS라고 불렸던 병이었죠. 그 병은 이름부터 굉장히 낯설었던 데다가 치료하는 데 어려움을 겪었던 사람들이 굉장히 많아 우리 모두에게 '무엇보다도 건강이 우선'이라는 말을 실감하게 해 주었습니다.

과학기술이 발달하면 질병은 어느 정도 예방할 수 있어 병의 위협으로부터 자유로워질 거라 믿었던 사람들이 많지요. 하지만 그 기대와는 달리 이전과는 비교도 할 수 없을 만큼 강력한 병들이 계속해서 출현하고 있습니다. 게다가 이미 박멸되었다고 여겼던 병들까지 다시 기승을 부리니 당혹감을 넘어 공포심까지 느끼기 시작한 사람들도 있지요. 물론 과학의 발전으로 의학이 눈부신 성과를 이뤄낸 것은 사실입니다. 그러나 병 또한 의학 못지않게 진화했고 복잡해졌고 다양해졌습니다. 그렇다면 병과 의학의 관계는 마치 창과 방패와 같다고 말할 수 있지 않을까요?

병이란 완전히 정복할 수 있는 것이 아니라 늘 경계해야 하는 것입니다. 그렇다면 건강 역시 '병이 없는 완전한 상태'를 가리키는 말이 아니라 '병을 견딜 수 있는 힘을 가진 상태'라 이해해야겠지요. 건강에 대한 이러한 인식 변화는 우리 일상생활의 모습을 크게 변화시켰습니다. 사람들은 이제껏 병은 병원에서 의사가 고치는 것이라고만 생각해 왔지만, 이제는 병은 스스로 대처하고 대응해야 하는 일이라 여기기 시작했습니다. 병을 '발병 차원'에서 생각하기보다 '예방적 차원'에서 다루게 되었고, 동시에 자신을 '치료의 대상'이 아닌 '치료의 주체'라 인식하게 되었습니다. 주체란 '다른 어떤 것에 의존하지 않고 스스로 생각하고 판단해 행동하는 개인'을 뜻하죠. 치료의 주체가 되었다는 말은 자기 몸에 주인 의식을 가져 몸에 대한 권리와 의무를 포기하지 않고 치료에 적극적으로 개입

하려는 태도를 가지게 되었다는 의미입니다.

치료 과정에서 자신을 소외시키지 않고 능동적으로 나서 질병에 대처해야만 건강한 삶을 살 수 있다는 이 새로운 인식은 점점 더 많은 사람들에게 공감을 일으키고 있습니다. 좋은 먹거리와 적당한 운동을 챙기는 사람들이 계속 늘고 있고, 청결을 중시하는 것은 이제 우리 모두의 일상이 되었습니다.

변화하는 건강의 의미

그런데 신체의 건강만이 건강의 전부가 아니라고 생각하는 이들도 많습니다. "나는 생각한다. 고로 존재한다"라는 명언으로 유명한 프랑스의 철학자 데카르트를 혹시 아시나요? 데카르트처럼 사람을 '생각하는 존재'라 여기고, 생각하는 일에서부터 사람다움을 논하는 이들은 건강에 대해서도 조금 다르게 생각합니다. 몸보다 생각의 건강을 더 중요하게 생각하죠. 이처럼 건강의 의미는 사람이라는 존재를 어떻게 이해하느냐에 따라 달라질 수 있습니다. 그러니 건강에 대한 이야기를 하려면 먼저 사람에 대한 이야기부터 해야 하지요. 여러분은 사람을 무엇이라 알고 있나요? 사람들은 사람을 어떻게 이해하고 있을까요?

자연 속에서 살았던 아주 오래전 사람들은 사람을 자연물과 다르지 않다고 여겼습니다. 건강 역시 같은 맥락에서 이해했지요. 그들은 '자연 안에서 자연과 더불어 자연스럽게 살아가는 것'을 건강이라 생각했습니다. 하지만 고대인들은 좀 더 나아가, 사람을 단순히 몸을 가진 존재 이상으로 보았습니다. 사람을 '영혼을 가진 존재'라 정의했지요. 실제로 고대 그리스의 철학자 소크라테스는 사람을 "비물질적인 영혼을 가진 존재"라 이야기하며 '영혼의 강건함'을 건강이라 말했습니다. 그의 제자였던 플라톤도 크게 다르지 않은 생각을 가지고 있었지요. 플라톤은 참다운 진리, 즉 이데아idea를 아는 것을 아주 중요하게 여겼던 사람입니다. 따라서 그에게 건강한 사람이란 '눈에 보이는 세계를 초월해 이데아까지 사유할 수 있는 능력을 가진 사람'이었습니다. 플라톤의 제자 아리스토텔레스는 물질도 배제하지 않고, 사람을 '물질과 영혼의 결합'으로 이해했지요. 때문에 건강 역시 '물질과 영혼이 조화를 이루는 상태'라고 정의했습니다. 하지만 "사람은 물질이 아닌 영혼에 이끌려야 한다"라고 말한 것에 비추어 보면, 그 역시 플라톤과 크게 다르지 않은 생각을 가지고 있었던 것 같습니다.

이들의 이런 생각은 중세까지 이어졌고 당시 사람들의 삶에도 지대한 영향을 주었습니다. 중세 사람들은 영혼의 중요성을 이전보다 더 크게 생각했고, 초월적 세계의 존재까지 믿게 됐지요. 그들은 '영혼과 초월적 세계에 대한 확고한 믿음을 가진 상태'를 건강이라 여겼습니다.

하지만 근대 이후 이런 생각들은 크게 바뀌었습니다. 새로운 사회를 구현하고자 했던 근대인들은 과거 신神적 질서로 설명했던 모든 것들을 인간의 이성에 근거하여 분석하고 설명하고자 노력했습니다. 초월적 세계가 아니라 이 세계 내에서 관찰하고 경험할 수 있는 것, 이해하고 설명할 수 있는 것만을 지식과 지식의 대상으로 받아들였죠. 당연히 사람도 이전과는 다르게 이해하게 됐습니다. '합리적으로 사유하는 이성과 이에 대응하는 신체를 가진 존재', 이것이 바로 그들이 이해하는 사람이었습니다. 이성과 구별은 되지만 분리는 할 수 없는 신체를 가진 이성적 존재인 사람은 이때부터 근대 과학의 꽃인 의학의 대상이 되었습니다. 의학은 온갖 기기로 수많은 신체를 진단하고 수치화하여 모범적인 신체의 상태를 도출해 냈습니다. 그 '모범적'인 신체의 상태가 건강 여부를 판단하는 기준이 됐죠. 근대인들에게 건강이란 '신체의 원활한 메커니즘'을 뜻하는 말이었습니다.

그렇다면 오늘날 현대인들은 어떨까요? 지금 우리는 사람을 어떻게 이해하고 있으며 무엇을 건강이라 생각하고 있나요? 아마 한마디로 정의하기는 불가능할 것입니다. 현대사회는 이전과는 비교도 할 수 없을 만큼 매우 복잡하기 때문이지요. 사람에 대한 생각도, 건강을 이해하는 방식도 말할 수 없을 만큼 다양합니다. 다만 한 가지 분명한 것은 현대사회에는 우울증, 정신분열증, 과대망상증, 대인기피증, 사이코패스 등 정신과 관련된 병들이 그 어느 때보다 많다는 것입니다. 과연 이것은 무엇을 뜻하는 것일까요? 현대인에게 건강이란 어떤 의미여야 할까요?

현대인의 병과 건강

최근 한 매체는 우리나라 사람들의 사망 원인을 조사해 본 결과 자살로 인한 사망이 가장 많다고 발표했습니다. 암을 비롯한 신체 질병이 아닌 우울증 등의 정신 질병이 사망의 가장 큰 원인이었지요. 정신과 관련된 병들은 참 예방하기도, 치료하기도 어려운 것 같습니다.

재독 철학자 한병철은 현대사회를 '피로 사회'라 정의했습니다. 《피로 사회》라는 책을 써서 이 사회를 살아가는 현대인들의 '병'에 대해 이야기했지요. 그는 늑대, 쥐, 바이러스라는 세 가지 은유적인 표현을 사용해 서로 다른 병들의 특징과 그 원인들에 대해 설명했습니다. 먼저 '늑대'는 콜레라나 장티푸스처럼 감염자를 쉽게 구별해 낼 수 있고 발병의 원인도 분명히 알 수 있으며 병을 일으키는 원인인 균을 몸에서 분리해 낼 수도 있어 치료가 비교적 쉬운 병을 의미합니다. 반면 '쥐'는 당뇨나 고혈압처럼 감염자를 쉽게 구별해 낼 수 있고 발병의 원인도 분명히 알 수 있지만 병을 일으키는 원인을 몸에서 분리해 내기는 힘들어 치료가 어려운 병을 지칭하지요. 하지만 치료가 불가능하지는 않습니다. 또한 발병의 원인이 분명하기에 예방도 가능하지요. 하지만 세 번째, '바이러스'는 그렇지 않습니다. '늑대'와 '쥐'와는 달리 이미 내 몸을 숙주 삼아 나와 하나가 되어 버린 병, 다시 말해 병과 병의 원인을 구별도 분리도 할 수 없는 병을 뜻합니다. 그렇기에 치료 또한 매우 어렵죠. 병의 원인이 내 바깥이 아니라 내 안에 있으니 결국 자기가 자기를 공격해 얻는 병이라고도 할 수 있습니다. 당연히 질병에 대처할 시간적 여유도, 질병을 치료할 방안도 찾기 힘들겠죠.

그런데 문제는 오늘날 현대사회의 병들이 주로 이 '바이러스'와 같은 특성을 지니고 있다는 것입니다. 자신에게서 분리해 내기는커녕 걸렸는지 아닌지 구별조차 하기 어려운 우울증, 정신분열증, 과대망상증, 대인기피증 등이 오늘날 우리 사회에 산재한 질병들이지요. 이런 병들이 시간이 지나 심각해지면 자살로 이어집니다.

한병철의 말대로 이런 병들이 유행하게 된 것은 극단적인 자본주의로 인해 현대사회가 지나친 성과주의 사회가 되었고, 그 안에서 무한 경쟁이 벌어져 사람들이 어쩔 수 없이 스스로를 과도한 일로 내몰게 되었기 때문일 것입니다. 그렇게 형성된 피로 사회 속에서 사람들은 만성 피로에 지쳐 삶의 의미도 모른 채 무기력감에 찌들고 우울증과 같은 다양한 병리 현상에 시달리며 살아가지요. 여러 가지 병리 현상들은 단순히 개인적 차원에서만 문제를 일으키는 것이 아니라 사회적 공감 능력을 떨어뜨리고 도덕적 불감증 등의 사회 병리 현상까지 일으켜 사회 전체를 병들게 만듭니다. 그러니 피로야말로 사회를 해체시키는 가장 큰 원인인 것입니다.

그런데 피로라는 것은 다른 어떤 것 때문이 아니라 스스로 자기 몸을 혹사시켜 얻게 되는 것입니다. 즉 그 원인이 다른 데 있는 것이 아니라 자기 안에 있죠. 마치 바이러스처럼 말입니다. 그렇기에 피로 사회 속에서 겪게 되는 여러 가지 문제점들의 해법은 결국 자기 안에서 찾아야만 합니다. 스스로를 돌아보고, 자기 안에 있는 문제점들은 끊어 내고 현실의 문제점들은 견뎌 낼 수 있는 전인적인 강건함을 갖는 것이 바로 피로 사회 구성원들이 갖춰야 할 '건강'의 조건인 것입니다.

맞물려 생각해 볼 수 있는 주장으로, 현대사회를 '허기 사회'라 규정한 사람도 있습니다. 과거에 비해 모든 것이 풍요로워진 오늘날, 육체적 허기에 허덕이는 사람들은 없어졌지만 텅 빈 마음을 가지고 정서적 허기에 시달리는 사람들은 너무나 많아졌다는 의미입니다. 위장을 채우기 위해 음식이 필요하듯 마음을 채우는 데도 반드시 필요한 몇 가지 것들이 있지요. 그런데 우리 사회는 그것들을 충족시켜 주지 못하고 있고, 때문에 사람들은 알코올, 오락, 소비, 지적 유희 등과 같은 다른 대체물들로 허기진 마음을 채우며 살아가려 합니다. 하지만 그것들로 마음을 채워 정서적 갈급함을 해결할 수는 없습니다. 때문에 사람들은 점점 더 자극적인 것을 찾게 되고 그러기 위해서는 재력이 뒷받침되어야 하니, 더 많은 시간을 노동하며 살게 되어 끝내는 일 중독자가 되고 말죠. 그러다 결국에는 삶의 의미를 상실하고 무기력증에 빠지고 맙니다. 이런 허기 사회 구성원들의 삶을 과연 건강하다 말할 수 있을까요?

현대사회에서 건강한 삶을 살기는 결코 쉽지 않습니다. 자기 건강을 챙길 줄 알고 무엇보다 건강을 우선시하며 사는 사람들이 많아졌다고는 하지만, 어쩌면 우리는 정신을 자극하는 커피와 같은 각성제나 변변치 않은 약물, 보조 식품에 의존해 근근이 삶의 시간을 연장만 하고 있을 뿐, 진짜 건강으로부터는 오히려 더 멀어지고 있는지 모릅니다. "나는 건강해"라고 말하며 스스로를 위로하고는 있지만 진짜 건강의 본질은 외면하고 있는 사람들이 적지 않죠. 백세 시대를 논하며 동시에 수많은 바이러스성 질병에는 조금도 대항하지 못하고 있는 곳이 바로 우리 현대사회입니다. 미열과 미세한 복통에도 병원을 찾고 약을 처방 받아 육체의 건강은 유지하려 하지만, 정신적 피폐함과 정서적 불안은 건강의 문제라 여기지 않고 외면해 버리는 사람들이 바로 우리 현대인들이죠. 이런 우리의 태도들은 과연 언제 어디서 비롯된 것일까요? 이런 태도에서 벗어나 제대로 된 건강을 챙기기 위해서는 가장 먼저 무엇부터 해야 좋을까요?

의학이 발전한 만큼 질병들도 강력해졌고 사회가 복잡해진 만큼 건강의 의미도 다양해졌습니다. 하지만 사람들은 여전히 '신체의 원활한 메커니즘'을 건강이라 여겼던 근대적 사고관에서 벗어

나지 못하고 있지요. 오늘날 정의할 수 없을 만큼 변해 버린 이 사회 속에서 진정으로 건강하게 살기를 원한다면, 우리는 가장 먼저 챙겨야 할 건강이 무엇인지부터 다시 제대로 생각해 보아야 할 것입니다. 과거 우리 생명을 직접적으로 위협했던 질병들만큼이나 무섭게 우리 삶을 피폐하게 만들고 있는 요인들부터 찾아내고 치료해 끊어 내 버려야 할 것입니다.

미래 사회를 살아갈 이들을 위한 건강 지침

여기까지 우리는, 과거에 사람들은 신체의 건강만을 중요하게 여기며 몸의 건강만을 챙기고 지키려 노력했지만, 현대에 우리를 죽음으로 몰고 간 병들은 실상 마음의 병이며, 몸의 건강만큼 정신의 건강을 챙기려는 노력을 해야만 진정으로 건강한 삶을 살 수 있게 된다는 이야기들을 함께 했습니다. 그렇다면 앞으로 도래할 미래에는 과연 어떤 건강들을 지키며 살아야 할까요? 미래 삶의 건강을 위해 우리는 사람과 건강을 무엇이라 이해하면 좋을까요?

여러 가지 이야기들을 할 수 있을 겁니다. 이미 현대에도 정의할 수 없을 만큼 다양한 논의들이 있었으니 미래에는 그보다 더 다양한 방식으로 인간을 이해하고 건강을 정의하게 되겠죠. 하지만 그 이야기들을 듣기에 앞서 가장 먼저 해 주고 싶은 말은 의학을 맹신하는 태도와 영원한 삶에 대한 헛된 기대를 버리라는 것입니다.

사실 이 세상에 '건강한 사람'은 없습니다. 우리는 모두 영원한 삶이 아니라 유한한 삶을 살고 있지요. 달리 말해 세상에 태어난 순간부터 지금까지 계속해서 죽음을 향해 가고 있습니다. 그런 의미에서 완전한 건강, 완벽하게 건강한 사람이란 있을 수 없지요. 의학 역시 우리를 건강하게 만들어 주는 획기적인 기술이라기보다는, 단지 지금과 같은 상태를 조금 더 지속시켜 줄 수 있는, 지속되는 시간만 조금 더 연장시켜 줄 수 있는 한시적인 대응책일 뿐입니다.

하지만 그럼에도 끝까지 의학이 인류를 구원할 것이라 생각하는 무리들이 있지요. 동서고금을 막론하고 진시황제처럼 불로장생을 꿈꾸는 사람들은 여전히 의학을 맹신하고 있습니다. 자본과 결탁한 현대의 진시황제들은 이제 신약 개발이라는 이름하에 온갖 위험한 실험들까지 서슴지 않죠. 히포크라테스 선서는 이미 오래전에 뒷전에 두고 성찰 없는 연구를 계속하고 있습니다.

그러나 의학은 분명 생명을 해하는 위학僞學이 될 수도 있습니다. 몇 년 전 우리는 줄기세포 개발을 위해 희생을 강요당한 연구원들이 있었다는 사실을 뒤늦게야 알게 되었죠. 실험실 속에서 고통받으며 죽어 가는 힘없는 동물들이 기약 없는 의학 '발전'의 대가라는 사실을 잊어서는 안 될 것입니다. 과거에는 없었던 희귀한 병들과 괴상한 생물체들이 무분별한 개발의 부산물이라는 사실도 부정할 수 없지요. 이렇게 의학은 성과만큼 많은 오점들을 우리 사회에 남기고 있습니다.

만약에 다가올 미래에 게놈 연구*가 획기적인 성과를 이뤄내 인간이 더 이상 약해지지도 병들지도 않게 된다면 어떨까요? 그것을 두고 우리는 의학이 인류를 구원했다고 말할 수 있을까요? 최첨단의 과학기술 장비로 신체 이상 유무를 확인하고, 이상이 있는 장기는 언제든 실험실에서 만든 새 장기로 교체해 영원히 살 수 있게 된다면, 우리는 그런 존재를 여전히 사람이라 부를 수 있을까요? 확신할 수는 없지만 그런 존재는 분명 지금의 인간과는 아주 많이 다른 존재일 것입니다. '강해진 인간'이 아니라 '기계 인간' 혹은 '새로이 탄생한 종'이라 보는 편이 더 정확하겠지요. 즉 건강에 대한 과도한 욕심은 결코 인간을 강하고 건강하게 만들어 주지 않습니다. 오히려 인간 존재의 소멸을 부르고, 인간이 아닌 새로운 종의 탄생을 부릅니다.

★ 게놈 연구 ― 인간의 몸은 약 육십조 개의 세포로 이루어져 있으며 모든 세포의 내부에는 핵이 존재한다. 핵 속에는 유전에 관여하는 물질이 있는데, 그 물질을 '핵산'이라고 하고 그 핵산 중 한 종류가 바로 DNA다. DNA에 따라 인종, 체형, 성격, 체질, 수명 등 모든 유전 형질이 결정된다. 게놈은 DNA들의 집합체다. 게놈 연구는 인간의 모든 유전자를 밝혀내 불치병 내지는 난치병으로 불리던 유전병의 치료를 돕고, 조작 가능한 유전자를 조작해 인간의 신체 능력을 향상시키려는 등의 목적으로 진행되는 일련의 연구 활동을 지칭한다.

건강한 삶이란 결코 영원한 삶이 아닙니다. 건강하게 살기 위해 가장 먼저 버려야 하는 것이 바로 영원한 삶에 대한 헛된 기대죠. 결코 '인간답지 못한' 영원한 삶에 대한 환상에서 벗어나야만 건강한 삶을 향해 나아갈 수 있습니다. 더불어 앞서 현대인의 병과 건강을 이야기하며 강조했듯 진정한 건강이란 몸의 강건함만으로 이룰 수 있는 것이 아닙니다. 마음의 강건함과 정신의 건강이 뒷받침 되어야만 진정으로 건강할 수 있지요. 정신의 강건함을 위해서는 무엇보다도 자기 자신과 자신이 속해 있는 사회부터 둘러보아야 합니다. 사회 속에서 나를 병들게 하는 것이 무엇인지, 그것들로 인해 나는 어떤 마음의 상처를 입었는지 면밀히 살피고 스스로 그 병리 현상들에서 벗어나야 건강을 유지할 수 있습니다. '인간적인 삶'을 방해하는 모든 사회 병리 현상들을 극복해야 합니다. 결국 미래 사회를 살아갈 이들에게 주고 싶은 건강 지침은 바로 이것입니다. 인간다운 삶, 인간적인 삶 속에서 건강을 찾으라는 것. 오로지 그 속에서만 진정한 건강을 찾을 수 있을 겁니다.

더 깊이 생각하게 하는 책들

피로 사회

한병철 지음,
김태환 옮김,
문학과 지성사, 2012.

현대사회가 직면한 문제를 철학적으로 성찰한 책. "우리 사회는 어떻게 피로 사회가 되었는가?" 글쓴이는 가장 먼저 사람들을 과도한 일로 내몬 성과주의와 성과주의를 도래하게 한 극단적 자본주의의 문제점을 지적한다. 나아가 이미 피로 사회의 구성원이 되어 버린 우리들은 어떻게 살아야 하며 무엇을 가장 시급하게 해결해야 하는지 까지 소상히 풀어냈다.

허기 사회

주창윤 지음,
글항아리, 2013.

몸만큼이나 중요한 정서를 가진 인간에게는 정서적 허기를 채워 줄 무언가가 필요하다. 하지만 지금 우리 사회는 그 정서적 허기를 채워 주지 못하고 있고 그런 의미에서 글쓴이는 이 사회를 허기 사회라 명명했다. 허기 사회 속에서 나타나는 여러 가지 사회 병리 현상들에 주목하고 그 문제들을 극복해 허기 사회를 넘어설 대안까지 함께 제시한 책이다.

철학자 가다머 현대의학을 말하다

한스 게오르크 가다머 지음,
이유선 옮김,
몸과마음, 2002.

20세기 가장 영향력 있는 철학자 가운데 한 명으로 꼽히는 독일의 철학자 가다머의 책. 현대의학이 가지고 있는 문제와 의사와 환자 사이에 발생하는 일들, '치료의 주체'에 대한 논의 등을 담고 있다.

은유로서의 질병

수전 손택 지음,
이재원 옮김,
이후, 2002.

결핵, 에이즈, 천연두, 암……. 그간 인류는 이런 병들을 그저 질병으로만 생각하지 않고 일종의 죄의 대가로 취급해 왔다. 하지만 병은 병일뿐이고 그저 치료해야 할 대상이어야 한다. 글쓴이는 이런 이야기들을 하며, 우리가 병에 대해 느끼는 두려움의 실체가 바로 이 근거 없는 인식에 기반을 두고 있었으며, 이런 인식은 실제로 그동안 병에 걸린 사람들을 더 고통스럽게 만드는 요인으로 작용해 왔다고 꼬집어 비판했다.

세기의 철학자들은 무엇을 묻고 어떻게 답했는가

박남희 지음,
세계사, 2014.

우리가 알고 있는 수많은 철학자들은 각각 다른 시대를 살았고, 시대 속에서 마주한 현실들에 질문을 던져 왔다. 그리고 그 질문에 대한 답을 찾는 과정과 저마다 내린 결론이 결국 그들의 철학을 만들었다. 이 책은 자신이 당면한 시대의 문제를 치열하게 고심했던 철학자들의 이야기를 제시하며, 그들의 질문이 어떻게 철학으로 발전했는지를 여실히 보여 준다.

천천히 안아 주는 중

박남희 지음,
세계사, 2014.

일상에서 우리는 수없이 많은 힘든 일을 겪는다. 그러며 숱한 마음의 상처를 얻는데, 몸의 상처처럼 마음의 상처 역시 치료해야 할 대상이다. 이 책은 바로 그 마음의 상처를 아물게 해 줄 철학적인 치유책을 제시하는 책이다. 여러 철학적인 주제들을 쉽고 친절하게, 천천히 논하게 하며 스스로 건강한 삶으로 나아갈 수 있게 도와준다.

과학

삐딱게 본 과학

박일준

뜬금없지만 가끔 이 세상은 누가 만든 걸까 아니면 저절로 생겨난 걸까, 사람은 정말 유인원이 진화해 지금의 모습을 갖추게 된 걸까 아니면 누군가가 처음부터 이 모습 이대로 만든 것일까 하는 호기심이 듭니다. 교회 다니는 친구들은 사람도 우주도 모두 하나님이 만든 것이라고 쉽게 단언하죠. 하지만 말도 안 된다며 사람은 진화한 것이고, 우주도 어떻게 생겨난 건지는 알 수 없다고 주장하는 친구들도 있습니다.
'증거 있냐'는 말을 자주 하며 과학적인 근거 대기를 좋아하는 친구들은 이렇게 종종 교회 다니는 친구들을 몰아붙입니다. 그러면 교회 다니는 친구들은 '어떻게 눈에 보이는 것만 믿고 살 수 있냐'며 보이지 않고 증거가 없다는 이유로 신을 부정할 수는 없다고 말하죠. 누구 말이 맞는지는 잘 모르겠습니다. 그런데 종교와 과학은 원래부터 이렇게 사이가 나빴나요? 과학적인 시각으로 종교를 보았던 사람, 종교인의 입장에서 과학을 풀었던 사람은 없었나요?

과학, 우리를 구원할 것인가 파멸하게 할 것인가

"과학이란 무엇인가"라는 질문에 여러분은 어떤 대답을 하시겠습니까? 아마도 "과학이란 우리 삶을 보다 나은 방향으로 만들어 가는 것이다"라고 답하는 사람들이 많겠죠. 하지만 이는 생각처럼 간단히 답할 수 있는 문제가 아닙니다. 과학은 인류를 보다 나은 방향으로 이끌기도 했지만, 반대로 파멸시키는 방향으로 몰아넣기도 했으니까요. 과학기술이 급속도로 발전하기 시작한 근대 이후, 세계 도처에서는 전쟁이 벌어지고, 무리한 자원 채취로 생태계 파괴가 일어났습니다. 그로 인해 일어나게 된 기후 변화 등 여러 가지 재난의 징조는 과학이 몰고 온 먹구름이라 할 수 있지요. 이런 모습들을 보고 있으면 '정말 과학이 좋은 것이 맞나?' 하는 의심이 생깁니다. 과거에는 없었던 여러 가지 악재들이 혹시 과학 때문에 일어난 것이 아닌가 싶어 그 힘을 맹신할 수만은 없게 되죠. 과학은 정말 우리 삶을 보다 나은 방향으로 만들어 가는 것이 맞을까요? 과학이 인류를 파멸시키는 도구가 되지 않게 하려면 우리는 과학을 어떻게 이해하고 이용해야 할까요?

과학이 크게 발전한 시기는 우리가 흔히 '근대'라고 부르는 시기입니다. 정확히 어느 때를 근대의 시작으로 볼 수 있으며 무엇을 근대의 시작 계기로 볼 것인가에 대해서는 의견이 매우 분분하지요. 이에 대해 20세기 독일의 철학자 하이데거는 "그림을 통한 세계의 정복이야말로 근대의 문을 연 결정적 사건이다"라고 이야기했습니다. "그림을 통한 세계의 정복"이라는 말 안에는 인간이 '그림을 그리는 존재'가 되었으며, 자기들 눈에 보이는 대로 세상을 그림으로 나타내기 시작했고, 그 그림으로 세상을 파악하고 이해하게 되었다는 의미가 담겨 있습니다. 이 세계를 **재현再現**의 방식으로 파악하게 되었다고도 말할 수 있지요. 세계의 일부로, 다른 것들과 함께 세계를 구성하고 있던 인간이 스스로 세계를 대표하는 주체가 되어 세계를 그려 나가고 세계를 대변하는 존재가 된 것, 바로 이것이 근대의 문을 연 가장 결정적인 사건이었습니다.

그런데 재현의 방식으로 세상을 보게 된 것과 과학이 발전한 것, 이 둘 사이에는 어떤 관계가 있을까요? 아래의 이야기들을 통해 함께 생각해 봅시다.

과학적 사유의 뿌리

인간은 여러 가지 말로 정의할 수 있습니다. 사유하는 동물 즉 호모 사피엔스라고도 하고, 도구를 사용하는 동물 즉 호모 파베르라고도 하죠. 인간은 아주 오래전부터 도구를 제작하고 사용해 신체의 한계를 극복해 왔습니다. 그렇게 신체적 능력을 확장해 문명을 일궈 냈지요. 문제에 직면하면 늘 지능과 도구적 능력을 활용해 그 문제를 해결해 왔습니다. 자신의 지능과 도구만으로 해결할 수 없는 문제는 '이야기'를 통해 서로 공유를 했죠. 그 이야기, 즉 어려운 문제를 해결하는 데 도움이 되는 지혜는 신화의 형태, 그러니까 종교적인 이야기로 묶어 후대로 전달했습니다. 따라서 그 시절 종교와 과학은 명확히 구별하기가 힘들었습니다. 오늘날을 살아가는 우리에게 과학이 그러하듯, 당시 사람들에게 종교는 풀 수 없는 어려운 삶의 문제를 해결하는 데 도움이 되는 중요한 수단이었습니다. 종교와 과학은 사람들이 삶 속에서 자신의 힘으로 해결할 수 없는 문제를 푸는 데 쓰는 수단이었다는 점에서 뿌리가 같다고 말할 수 있습니다.

하지만 지금 우리는 종교와 과학을 전혀 다른 종류의 것이라 생각합니다. 대다수의 사상가들과 역사가들도 과학적 사유와 종교적 사유의 연관성을 쉽게 간과해 버리죠. 중세는 암흑의 시대였으며, 과학은 그 암흑의 시대에 빛을 밝힌 '계몽기의 등불'이라 보는 것이 가장 일반적인 견해입니다. 그런데 이런 생각은 근대에 들어 생겨난 것입니다. 종교와 과학, 신앙과 이성, 감정과 이성을 철저히 분리해 이분법적 구도를 설정하고 과학을 마치 몽매한 종교·신앙·감정을 극복하게 해 준 것이라 설명하는 것은 근대 사상가들의 방식이지요. 지금 우리가 배우는 역사는 근대에 기록된 것입니다. 그래서 우리는 흔히 과학이 가질 수 있는 폐해는 잘 인식하지 못하고 종교가 가진 진정한 힘은 쉽게 인정하지 못합니다.

한편 20세기 영국의 수학자이자 철학자였던 화이트헤드는 중세를 "이성에 기반한 신앙의 시대", 근대를 "신앙에 기반한 이성의 시대"로 규정했습니다. 종교와 과학을 대립적으로 해석하는 시대의 흐름에 맞서는 생각을 가지고 있었지요. 그는 근대의 과학혁명*을 "반지성적 운동"이라 불렀습니다. 실제로도 근대의 과학 운동은, 적어도 그 출발선에서는 지성에 호소하는 운동이었다기보다 반지성적 운동이었다고 보는 것이 맞을 겁니다.

오늘날 우리는 어떤 근거도 없이 중세 종교학자들을 비이성적 인간으로 간주해 버립니다. 하지만 그 시대 그들이 지녔던 태도는 '이해를 추구하는 신앙'이었습니다. 방대한 자료와 논리, '논리'에 근거한 논리로 신과 이 세상을 설명하는 것이 그들의 이성이었고, '중세식 합리주의'였습니다. 반면 근대 과학은 이 세상을 이성과 합리보다는 눈에 보이는 구체적인 사실만으로 설명하려고 했습니다. 오로지 보이는 그대로의 사실에만 맹목적인 확신을 부여했지요. 우리가 지금 중세 종교인들의 이성을 이성으로 보지 못하고 그들의 합리성을 합리적이라 생각하지 못하는 이유는 지금 우리가 가지고 있는 이성과 합리성이 근대의 이성과 합리주의에 기반을 두고 있기 때문입니다.

지동설을 주장해 종교재판을 받고 재판장을 나서며 "그래도 지구는 돈다"라는 말을 했다고 전해지는 갈릴레이라는 이탈리아 천문학자 이야기를 들어 본 적이 있을 겁니다. '몽매한 종교 권력이 합리적인 지성의 과학자를 억압한 사건'이라 회람되는 이 이야기는

* **과학혁명** — 과학혁명 이전의 과학은 실험과 관찰보다는 주로 이론과 연역적 사고방식에 의존해 사물의 성질을 파악했다. 하지만 16~17세기에 접어들며 과학은 점차 정교한 실험과 관찰을 중시하기 시작했고, 그러면서 과학의 개념, 방법, 목적에 큰 변화가 일어났다. 이 혁명적인 변화들을 아울러 과학혁명이라 일컫는다.

사실 과학자가 경험적 관찰을 통해 얻은 사실로 중세의 합리주의에 반기를 든 대표적인 사건이었습니다. 중세식 합리주의는 관찰보다는 이성적 추론, 추상적인 논리를 우선시했죠. 어쩌면 논리적 추론으로 관찰의 힘을 억누르고 있었다고도 말할 수 있을 겁니다. 그런데 그런 시대에 갈릴레이는 스스로 망원경을 제작하여 목성을 관측했고, 목성 주위를 도는 위성들을 발견했습니다. 그리고 관찰한 사실을 근거로 모든 별과 행성이 지구를 중심으로 돌고 있다는 프톨레마이오스의 천동설이 틀렸다고 주장했죠. 코페르니쿠스의 지동설이 맞다는 것을 입증했습니다. 이 과정에서 갈릴레이는 이성적 추론에 의지하기보다는 망원경을 사용하여 관찰 대상에 가까이 다가가는 방법을 사용했습니다. '이성'이 아니라 '관찰'로 중세적 합리성에 저항한 것이죠.

실제로 중세 말 신학자들의 과도한 합리성은 오히려 합리성에 대한 반란을 불러 왔습니다. 사람들은 더이상 이론과 원리 즉 합리성만을 중시하지 않고, 인과율因果律로 연결되는 경험적 사실들에 더 주목하게 되었습니다. 구체적 사실에 주목하고 사실들 간의 연관성을 찾아내, 그것을 기반으로 사유의 구조를 재구축한 것이죠. 결국 종교개혁*은 이런 일을 '기독교의 기원에 대한 호소'를 통해 수행한 것입니다. 과학혁명은 '실험과 귀납적 추론 방식에 호소'함

* **종교개혁** — 16세기 유럽에서 로마가톨릭교회의 쇄신을 요구하며 일어난 개혁 운동. 독일의 종교개혁가 루터가 면죄부를 판매하던 교황청에 대항한 것이 발단이 되었다.

으로써 그 역사적 반란의 과제를 수행한 셈이라 할 수 있습니다.

추상의 힘과 잘못 놓인 구체성의 오류

앞서 중세 신학자들은 방대한 자료와 논리, 논리에 근거한 논리로 자신들의 신앙을 설명했다고 이야기했습니다. 그렇다면 근대 과학자들은 무엇으로 자신들의 주장을 설명했을까요? 어떤 방식으로 자신들의 주장을 뒷받침할 근거를 마련했을까요? 근대 과학자들이 생각하는 방식, 말하자면 '과학적 사유 방식'이 어떤 것인지 설명해 줄 수 있는 것 중 하나는 바로 수학입니다.

수학은 사물들 간의 연관성을 드러내 보여 주는데, 이는 인간 이성의 힘이 없으면 가능한 일이 아닙니다. 수학 공식을 통해 드러나는 사물들 간의 연관성은 인간이 감각을 통해 지각하는 것과는 상당히 거리가 먼 개념들이고, 따라서 인류가 수학적 관념들을 획득하는 데는 상당히 오랜 시간이 걸렸습니다. 수학의 진정한 힘은 감각을 통한 지각을 넘어서서 사물들의 관계성을 구성할 수 있는 데 있습니다. 수학은 구체적인 사물들과 사례들로부터 **추상**抽象하여 개념을 구성합니다. 추상한다는 것은 여러 가지 사물이나 개념에서 공통되는 특성이나 속성 따위를 뽑아낸다는 의미입니다. 가령 양 다섯 마리, 손가락 다섯 개, 닷새라는 구체적인 사물과 사태 속

$E=mc^2$

에서 '다섯'이라는 공통된 속성을 뽑아내는 것이 추상이며, 그것으로 '5'라는 추상적인 수 개념을 구성하는 것이 수학입니다. 수학을 통해 완전한 추상의 영역이 한 번 창출되고 나면, 즉 이런 식으로 추상적인 수 개념을 머릿속에 한 번 집어넣고 나면 인간은 더 이상 5라는 추상적 수 개념을 생각하기 위해 양 다섯 마리, 손가락 다섯 개, 닷새 등의 직접적인 예시를 떠올리지 않아도 됩니다. 지각에 의존하지 않고 추상 자체로만 사유하는 것이 얼마든지 가능해진다는 이야기입니다.

그런데 수학이 창출한 추상의 영역에서 일어나는 일들이 현실에서 일어나는 모든 일을 설명할 수 있으며, 수학의 확실성이 곧 현실의 확실성이라고 믿는 것은 망상입니다. 추상은 경험에서부터 시작합니다. 우리는 경험한 사실과 관찰한 사건들 속에서 공통되는 요소를 뽑아내고, 가설을 이용해 그것들을 확장하여 추상적인 개념을 구상해 냅니다. 즉 추상이란 우리의 가설에 기반하여 추론된 것이지, 그 자체로 실제 사물들을 그대로 표상하거나 대표할 수 있는 것이 아닙니다. 수학적 추상에는 그래서 언제나 착오의 가능성이 있으며 그 사실을 잊는 순간 생각은 곧 망상이 되어 버립니다.

수학적 원리를 구체적 사례에 적용할 때도 문제가 생길 수 있습니다. 우리가 관찰하는 사물들과 경험하는 사건들은 대체로 샘플(일부)에 불과합니다. 샘플로부터 얻은 결론을 전체에 적용하여 일반화시키는 것을 **귀납**이라 하는데, 화이트헤드는 귀납을 "철학의 절망"이라고 표현했습니다. 그저 몇 개의 샘플에만 들어맞는 추론을 그 샘플들이 속한 전체에도 동일하게 적용된다고 확실히 말할 수는 없기 때문입니다. 그런데 우리가 하는 거의 대부분의 추상적 활동이 바로 이 귀납적 추론에 기반을 두고 이루어집니다. 추상적 활동뿐만 아니라 인간이 정신적으로 수행하는 거의 모든 활동에서 귀납적 추론이 이용되며, 따라서 이 오류 역시 그 모든 활동들에 수반됩니다. 그래서 우리는 추상들을 구체적인 것들, 즉 사실적인 것들과 동일한 것으로 착각하는 오류를 저지르기 시작합니다. 화이트헤드는 이 오류에 "잘못 놓인 구체성의 오류Fallacy of Misplaced Concreteness"라는 이름을 붙였습니다.

추상화된 일반 조건들이 구체적인 존재들과 결부되지 않고 그 자체로만 탐구되기 시작하면서, 오히려 구체적인 존재들이 '존재로서 부적합하다'는 판정을 받는 역설이 생겨나기 시작했습니다. 추상화된 일반 조건은 구체적 존재들의 관계의 패턴을 나타내는 것이지 그 자체가 실재는 아닙니다. 그리고 패턴을 구성하는데 참여하는 것은 구체적 존재들 중 일부일 뿐입니다. 따라서 추상화된 일반 조건은 구체적 존재들 전체를 반영하지 못하고 부분을 편파적으로 반영할 수밖에 없습니다. 하지만 17세기는 수학이 눈부시게 발전하여, 수학적 추상의 공간에서 발견된 관념들이 자연의 질서 그 자체를 반영한다고 (잘못) 믿는 시대였습니다. 화이트헤드는 이를 두고 "추상적인 것이 구체적인 사실에 대한 우리의 사유를 통제하는 무기가 되었다"라고 꼬집어 비판했습니다.

수학이 이렇게 근대 과학의 역사적 반란을 일으키는데 사용된 주요 도구 중 하나였다면, 또 다른 하나는 바로 경험주의였습니다. 경험주의는 '환원 불가능하고 완고한 사실'에 주목하면서, 귀납적 방식을 통해 일반 법칙에 이르는 과정을 구축함으로써 반란에 가담했습니다. 베이컨은 그저 구체적인 사건의 예들을 충분히 주의를 갖고 주목하다 보면, 일반 법칙이 도출되리라는 막연한 생각을 갖고 있었지만, 사실 귀납은 형이상학을 전제합니다. 귀납적 추론의 전제로 도입되는 합리적 가정들이 없다면, 귀납은 사실 무의미하게 됩니다.

상식을 넘어선 과학

나무에서 사과가 떨어지는 것을 보고 만유인력의 법칙을 알아낸 17세기 영국의 물리학자 뉴턴은 근대 과학의 아버지로 불립니다. 그의 이론을 기반으로 확립된 우주론과 세계관은 근대 과학의 기본 사상이 되었죠. 그런데 20세기에 들어 아인슈타인이 상대성이론을 발표했습니다. 상대성이론은 뉴턴의 법칙을 근본에서부터 완전히 뒤집는 이론이었습니다. 뉴턴은 시간과 공간은 객관적으로 실재하는 것이며 절대적인 구조를 지닌 것이라고 말했지만, 아인슈타인은 시간과 공간은 절대적이지 않고 구분된 개념도 아니라고 설명했습니다. 이후 시간의 상대성이 증명됨에 따라 뉴턴의 이론에 오류가 있다는 사실도 함께 증명되었죠.

하지만 아인슈타인의 상대성이론은 대중들에게 상식적인 수준으로 설명하기에는 너무 어려웠습니다. 상대성이론과 함께 현대 물리학을 떠받들고 있는 이론이라 대변되는 양자역학 역시 대중들이 이해하기에는 생소하고 어려운 개념이죠. 획기적으로, 기존의 생각의 틀을 벗어나 생각하지 않고서는 받아들이기도 힘든 세계관입니다. 그래서 지금 우리는 21세기를 살고 있지만, 여전히 상대성이론과 양자역학 등장 이전의 우주론과 세계관 속에서 살아가고 있습니다. 이론이 어느새 우리 생각보다 더 앞서 나가기 시작한 것입니다. 오늘날 과학은 이미 우리의 상식을 넘어섰습니다.

하이데거는 과학의 본질은 연구라고 이야기했습니다. 그리고 연구란 '본질적으로 존재하는 것'의 어떤 영역 안에, 즉 자연이나 역사 안에 하나의 절차로서 스스로를 확립하는 것이지만, 어떤 연구는 (다음) 연구가 나아갈 길을 열어 주고, 앞서서 그려 주는 역할을 하기도 한다고 설명했지요. 우리는 어떤 사물이나 사태를 인식할 수 있습니다. 그런데 인식을 할 수 있는 것은 우리가 그것들을 대면하기에 앞서 이미 뭔가를 알고 있기 때문입니다. 하이데거는 이를 "사과 세 개가 놓여 있는 상황을 보고 그 상황을 '사과 세 개가 놓여 있는 상황'으로 인식할 수 있는 것은 우리가 사과를 대면하기에 앞서 이미 3이라는 수 개념을 알고 있기 때문이다"라고 설명했습니다. 따라서 우리가 물리학적인 무언가 혹은 수학적인 무언가를 인식한다는 것 역시 인식을 하기에 앞서 우리가 이미 뭔가를 알고 있다는 것을 전제합니다. 과학이나 물리학에서는 바로 그것, 즉 '우리가 이미 알고 있는 무언가'를 '자연의 기초 계획the ground plan of nature'이라고 부릅니다. 그런데 문제는 자연 안에서 일어나는 여러 일들 중에서 이 '자연의 기초 계획'에 들어맞는 것들만이 우리에게 자연 안의 사건으로 알려지고 인식된다는 것입니다. 즉 과학은 우리가 이미 알고 있는 것만을 검토합니다. 과학을 통해 새로운 것을 얻는 것은 그래서 매우 어렵습니다.

하이데거는 과학을 "실재에 대한 이론"이라고 정의했습니다. 이론은 실재를 확인하고, 그것을 하나의 대상-영역에 고정시킵니다. 하지만 자연은 어떤 것에 고정되어 존재하는 것이 아니라 언제나 스스로 존재합니다. 이론은 이런 자연을 결코 능가할 수 없고, 따라서 자연을 에워쌀 수도 없습니다. 달리 표현하자면, 물리학이 재현하는 것은 분명히 자연 그 자체지만, 그것은 대상-영역에 고정된 자연이며, 물리학적인 조작을 거쳐 정의되고 결정된 자연입니다. 결국 근대 과학이 다루는 자연은 스스로 존재하는 자연을 인위적으로 객관화하여 얻은 자연의 한 측면일 뿐인 것입니다.

그런데 문제는 이 대상화된 자연이 결코 자연 전체를 온전히 포용하지 못한다는 점입니다. 물론 대상화된 자연도 자연이기는 하지만, 과학이 알아내지 못한 자연의 영역이 많이 있으며 과학은 그 영역을 지나치거나 우회할 수 없습니다. 오히려 지향해서 계속 가야 하는 곳으로 다가서야 합니다. 하지만 과학은 자신들이 알아내지 못한 영역, 즉 지금 과학이 다루지 못하고 있는 자연의 영역이 왜 있는지 묻거나 고민하지 않습니다. 과학은 자신이 연구 대상으로 규정한 것들 이상을 다루지 않기 때문입니다.

하지만 역설적이게도 과학을 이끌어 가는 것은 과학이 연구 대상으로 규정하지 않은 바로 그것들입니다. 바로 그것들이 과학적 호기심을 자극합니다. 연구 대상으로 규정되지는 않았지만 결코 우회할 수 없는 자연의 영역은 기존의 과학 지식으로는 이해하기 어려운 개념적 공간을 창출함으로써, 과학 탐구가 나아가야 할 방향을 제시하고 설득합니다. 따라서 실상은 그러지 못하고 있지만 과학은 이 우회할 수 없는 것을 정의하고 현시해야 합니다.

오늘날 과학은 그 어떤 시대보다 우리 곁에 확고하게 존재합니다. 하지만 과학이 직시하지 않고 있는 우회할 수 없는 자연의 영역 역시 확고하게 남아 있습니다. 그 은밀한 것은 결코 그 모습을 드러내지 않지만, 과학의 본질은 결국 그 우회할 수 없는 것에 끊임없이 질문을 던지고, 기존 분과의 경계를 넘어 그것을 탐구하는 일일 겁니다. 그런 의미에서 과학은 '지금까지 과학이라고 여겨져 온 것들의 경계를 넘어서는 활동'이라고 정의할 수 있습니다. 그래서 과학을 역사적 반란, 반지성적 운동이라 하는 것입니다.

더 깊이 생각하게 하는 책들

과학과 근대세계

알프레드 노스 화이트헤드 지음, 오영환 옮김, 서광사, 2008.

★인용문헌

"20세기는 수학과 철학 분야에서 그를 능가할 인물을 낳지 못했다"라는 평가를 받는 위대한 철학자 화이트헤드의 대표작. 글쓴이는 대다수의 사람들이 통념적으로 알고 있는 것과 달리, 과학이란 과학과 철학, 종교 간의 유기적 상호작용을 통해 우리에게 도래한 것이라 주장한다. 그런 그의 주장을 자세히 다루고 있는 책이다.

철학 정원

김용석 지음, 한겨레출판, 2007.

★인용문헌

오늘날 고전은 우리에게 무엇을 줄 수 있으며, 고전은 어떻게 읽어야 하는지, 고전을 통해 사고한다는 것은 어떤 것인지를 면밀히 보여 주고 소개하는 책. 동화, 문학, 영화, 철학, 정치·사회·문화사상, 과학 분야에서 총 55편의 고전을 뽑아 그것들을 지금 우리 사회의 시대적 화두를 풀어내 줄 수 있는 텍스트로 변모시켜 보여 준다.

위대한 설계

스티븐 윌리엄 호킹·레너드 믈로디노프 지음, 전대호 옮김, 까치, 2010.

영국의 물리학자 스티븐 호킹의 대표작. 이 세상은 창조주의 '위대한 설계'에 의해 만들어진 것이 아니라는 주장을 담고 있다. 최근의 과학적 성취를 보통 사람들도 충분히 이해할 수 있도록 쉽고 명쾌하게 풀어 놓았다.

제2의 기계 시대

에릭 브린욜프슨·앤드루 맥아피 지음,
이한음 옮김,
청림출판, 2014.

미래 과학기술의 모습을 예측하여 보여 주면서, 그것이 가져올 낙관적 전망과 암울하고 불안한 전망도 함께 다뤘다. 기술 발전은 인간과 기계가 공생하는 방향으로 이루어져야 한다는 점을 강조하는 책이다.

통섭

에드워드 오스본 윌슨 지음,
최재천·장대익 옮김,
사이언스북스, 2005.

우리 시대 과학은 각자의 전문 분야에만 갇혀 생명에 대한 온전한 설명을 제시하지 못하고 있다. 글쓴이는 이런 점을 지적하며, 생물학 인접 분야를 중심으로 인문학과 철학 그리고 종교 분야의 지식들이 어떻게 통섭될 수 있는지를 자세히 보여 준다. 그중에서도 특별히 문화는 유전자에 의해 형성되며, 유전자는 문화에 의해 선택된다는 점을 강조해, 이제 자연과학과 문화로 대표되는 사회과학을 하나의 맥락 안에서 논의할 때가 되었음을 선언한다.

종의 기원, 생명의 다양성과 인간 소멸의 자연학

박성관 지음,
그린비, 2010.

진화론에 대한 조금 다른 해설서. 글쓴이는 진화론이 진정으로 보여 주고자 했던 것은 종의 탄생이 아니라 종의 해체, 종이라는 경계의 모호함이었다고 설명한다. 흔히 인간을 약육강식의 세계에서 살아남은 특별한 존재라 생각하지만, 다윈은 인간 역시 진화 과정에서 생겨난 숱한 생물 중 하나일 뿐이라고 생각했다고 한다. 즉 진화론은 인간의 특별함을 지지하는 주장이 아니라 인간 역시 소멸할 수 있으며, 인간-이후 시대도 충분히 도래할 수 있음을 예고하는 주장이었던 것이다.

노동

모든 인간의 숙명

한상연

일하지 않고 살 수 있는 방법이라는 게 혹시 있을까요? 일요일 오후, "평생 일 안하고 놀면서 살면 얼마나 좋을까"라고 말씀하시는 아빠를 보면, 저도 십 년 후엔 아빠처럼 일에 시달리며 살고 있을 것만 같아 어른이 되는 것조차 두려울 때가 있습니다. 하지만 매주 월요일 아침, 멋진 모습으로 출근해 누구보다 자랑스럽게 일하시는 아빠의 모습을 떠올려 보면 '일이라는 게 도대체 뭘까, 도대체 뭐기에 사람을 저렇게 멋있고 빛나게 만드는 거지?' 하는 생각이 들기도 하죠. 그럴 때면 저도 얼른 일하는 어른이 되고 싶다는 마음이 생깁니다.
막연하긴 하지만 요즘 저에겐 이렇게 일에 대한 관심사가 많이 생겼습니다. 대체 일이라는 게 뭔지, 일하며 산다는 게 어떤 의미인지, 사람은 왜 일을 하며 살아야 하는 건지, 언제부터 그렇게 일하며 살아왔는지 이것저것 여러 가지가 궁금해졌습니다.

노동의 이유

어른들은 모두 일을 하며 살아갑니다. 다른 말로 노동을 하며 살죠. 우리가 매일 학교에 가듯 어른들은 매일 아침 일터로 나갑니다. 그곳에서 정해진 시간 동안 일을 한 대가로 임금을 받죠. 살기 위해서 사람은 반드시 일을 해야만 합니다.

아주 먼 옛날, 학교도 회사도 시장도 없었던 때에도 사람들은 일을 하며 살았습니다. 인간은 자연 속에서 살아남기에도 벅찰 만큼 굉장히 약한 몸을 가지고 있지요. 날카로운 이빨과 발톱을 가진 맹수는 일하지 않고서도 살기 위해 필요한 식량을 얻을 수 있습니다. 맹수들처럼 강하지는 못하지만 초식 동물들도 생존에 필요한 빠른 발과 나무 열매를 따먹기에 적합한 긴 목을 가지고 있지요. 하지만 사람은 맹수처럼 강한 발톱도 초식 동물처럼 빠른 발도 가지고 있지 않습니다. 심지어 추위를 막아 줄 털도 없지요. 때문에 신체상의 약점을 보완해 줄 그 무언가를 노동해서 만들지 않으면 안 됩니다. 즉 노동이란 인간에게는 아주 오래전부터 생존을 위해 불가결한 요소였습니다.

그런데 정말 인간이 노동을 하는 이유를 단지 '생존에 필요해서'라고만 규정할 수 있을까요? '필요에 의해' '강제로' 노동하는 것이라 말하기에는 뭔가 이상합니다. 동물은 필요해도 노동하지 않으니까요. 또한 사람이 노동을 해서 얻은 결과는 때로 필요 이상이기도 합니다. 가령 맹수들에게 생존을 위협받는 초식 동물들은 맹수의 습격을 막아 줄 울타리나 방패, 무기 등을 만들지 않습니다. 나이가 들어 예전만큼 사냥할 수 없게 된 육식 동물들도 편하게 먹잇감을 얻기 위해 그물이나 덫을 만들어 놓아두지 않지요. 즉 동물들은 아무리 필요해도 결코 노동하는 일이 없습니다. 반면 사람들은 생존만을 위해서라면 굳이 하지 않아도 되는 일에까지 힘과 노력을 들입니다. 고대인들은 자신의 힘을 과시하기 위해 고인돌과 같은 무덤을 만드는 일에 엄청난 노력을 쏟았습니다. 생존은 충분히 보장되지만 좀 더 편하게 노동하기 위해 여러 가지 도구를 만들어 쓰기도 했지요. 또한 일한 후에 얻는 것은 오로지 눈에 보이는 물질적인 대가만이 아닙니다. 보람과 자기만족감 등 생존과는 관계없는 감정적인 대가까지 얻게 됩니다.

이처럼 노동의 이유는 '필요에 의한 강제'라고만 규정할 수가 없습니다. 동물이 노동하지 않는 것은 노동할 역량이 없기 때문이죠. 반면 인간은 노동할 역량이 있기 때문에 노동을 합니다. 꼭 필요해서든 필요하지는 않지만 더 편하게 살기 위해서든, 노동할 역량을 가지고 태어나지 않았다면 인간 역시 동물과 마찬가지로 노동하지 않았을 겁니다. 그러니 인간이 노동을 하는 이유는 결국 스스로 '나는 노동할 수 있는 특별한 존재다'라는 것을 드러내는 일이라 할 수 있지 않을까요? 조금 어려운 말로는 '노동은 인간 존재의 표현이다'라고 할 수 있습니다.

노동과 터

사전에서 '노동'이라는 단어를 찾아보면 '몸을 움직여 일을 함', '생활에 필요한 물자를 얻기 위해 육체적·정신적 노력을 들이는 행위'라는 정의를 얻을 수 있습니다. 가장 일반적인 의미죠. 모두가 알고 있고 동의하는 정의일 겁니다. 하지만 노동을 인간이 '자기 힘'을 들여 '자기에게 필요한' 물건을 획득하는 행위라 파악하는 것은 **인간의 주체적 역량**에 초점을 맞춰 노동의 개념을 규정하는 일입니다.

'주체적'이라는 말은 어떤 일을 자주적이고 자유롭게 해 나감을 의미하죠. 그러니 실제로 노예 노동을 제외한 모든 노동은 어떤 의미에서는 정말 주체적인 행위입니다. 하지만 인간이 주체적인 역량을 발휘한다는 것은 '객체에 불과한 사물'에 일방적인 영향력을 행사한다는 의미로도 해석할 수 있습니다. 그런데 인간이 사물에 '일방적인' 영향력을 행사하는 것이 정말 가능할까요?

예를 하나 들어 봅시다. 스스로 노동을 해서 집을 짓고 싶어 하는 어떤 사람이 있습니다. 오로지 자기 힘으로 자기가 원하는 집을 자유롭게 짓고자 하죠. 그런 의미에서 그의 노동 행위는 주체적입니다. 하지만 만약 그에게 집을 짓는 데 필요한 흙과 모래, 나무와 철근 등이 없으면 어떨까요? 당연히 집 짓는 것이 불가능해지지 않을까요? 아무리 힘 있고 기술 좋은 사람이라도 재료 없이 물건을 만들 수는 없습니다. 즉 인간의 역량이라는 것은 결코 주체적이기만 한 것이 아닙니다. 노동 역시 인간의 주체적 역량에만 초점을 맞춰 이해할 수 있는 개념이 아니죠. 인간은 사물을 객체로 두고 일방적인 영향력을 행사할 수 있는 존재가 아니라, 사물에 적합한 방식으로만 역량을 행사할 수 있는 존재입니다.

이런 맥락으로 다시금 노동의 의미를 생각해 봅시다. 인간의 노동은 사물의 본성에 제약을 받습니다. 사물들의 본성에 상응하려고 노력하지 않으면 제대로 일할 수도 없고, 노동의 결실 또한 맛보기 어렵죠. 하지만 어찌 됐든 인간은 살아가기 위해 필요한 것들을 만들지 않으면 안 됩니다. 앞서 언급한 것처럼 인간은 자연 속에서 살아남기에도 벅찰 만큼 매우 연약한 존재이기에 필요한 것들이 없으면 삶을 영위하고 지속할 수조차 없죠. 따라서 인간은 필요한 것들을 만들 수 있는 재료가 있는 곳, 즉 노동할 역량을 발휘할 수 있는 장소를 찾아 그곳에서 삶을 꾸려 가기 마련입니다.

이런 곳을 우리는 터라고 부릅니다. 터란 생활 터전을 뜻하죠. 인간은 터 안에서 주체적인 역량을 발휘해 터를 가꾸어 나갑니다. 터에 순응하려는 노력과 의지에 의해 제약받은 역량을 가지고 필요한 것들을 만들어 삶을 영위합니다. 이때 인간이 하는 창조는 신이 하는 창조와는 다르죠. 인간은 신이 아니기에 무에서 유를 창조해 낼 수는 없습니다. 인간이 노동하여 삶에 필요한 것들을 만드는 것은 신과 같은 능력이 있기에 가능한 것이 아니라 터가 있기에 가능한 것입니다. 그러니 결국 노동이란 그저 일을 하는 행위, 노력을 쏟는 행위가 아니라 '터 안에서 터를 가꾸며 그 속에서 살아가는 데 필요한 여러 가지 것들을 자유롭게 만드는 행위'라고 이해해야 하는 것입니다.

노동과 시간

인간에게 노동할 수 있는 역량이 있다는 것은 정말 중요하고도 특별한 일입니다. 결국 인간을 다른 동물들과 구별해 주는 가장 근본적인 차이가 바로 노동이니까요. 노동을 통해 인간은 동물들과는 전혀 다른 세상에서 살게 되었습니다. 그렇다면 동물들의 세상과 인간들의 세상은 과연 어떻게 다를까요? 저는 가장 근본적이고 중요한 차이가 바로 '시간'이라고 생각합니다. 다소 이상하게 들릴지 모르겠지만 동물들의 세상에는 시간이 없습니다.

좀처럼 납득하기 힘든 말일 겁니다. 시간이란 건 내가 있을 때나 없을 때나 똑같이 흐르는데, 어떻게 인간에게만 시간이 있고 동물에게는 없을 수 있는지, 의아해하는 사람이 대다수일 테지요. 그런데 이런 의아함은 '시간은 인간과 무관하게 흐른다'는 고정관념 때문에 생겨난 것입니다. 마치 시간은 강물과 같고 세상 모든 것은 그 강물 속에 들어 있다는 식으로 생각한 데서 비롯된 것이죠. 강물 속에 뭐가 있든 없든 강물은 존재하고 또한 흐르듯이, 시간 역시 우리 모두와 무관하게 존재하고 흘러간다고 생각하는 경향에 그 뿌리가 있습니다.

하지만 조금만 생각해 보면 시간은 결코 흘러가는 강물과 같은 것이 아니라는 사실을 알 수 있습니다. 시간이란 과거·현재·미래의 합合이죠. 그런데 과거가 뭘까요? 미래는 또 무엇이고요? 간단히 과거는 지나간 시간, 미래는 장차 도래할 시간이라 정의할 수 있을 겁니다. 그런데 '지나갔다' 혹은 '아직 오지 않았다'라고 말하기 위해서는 반드시 기준점이 필요합니다. 특정한 시간이 기준이 되지 않으면 과거와 미래를 구분할 수가 없죠. 이때 기준점이 되는 것이 바로 현재입니다. 그래서 현재가 전제되지 않으면 시간이 있다고 말하기도 힘듭니다. 그렇다면 현재는 무엇일까요? 현재라는 시간은 무엇을 기준으로 정할 수 있을까요? 과거, 미래와는 달리 현재라는 시점은 정하고 정의하기 힘든 개념입니다. 현재란 매순간 달라지는 법이니까요. 현재는 그저 '여기 있는 나의 지금' 이라고 이해할 수밖에 없습니다. 그래서 내가 없으면 현재는 없고, 시간 또한 있을 수 없습니다. 단, '내가 있어야 시간도 있다'는 말을 '인간이 시간을 창조했다'는 뜻으로 이해해서는 안 됩니다. 이 말은 현재, 즉 여기 있는 나의 지금이 있기 위해서는 무엇보다 먼저 '여기'라는 터가 있어야 하고 '나'라는 존재가 있어야 한다는 의미일 뿐입니다. 결론적으로 시간은 터에 속한 것도 아니고 나에게 속한 것도 아닙니다. 다만 시간이 있기 위해서는 반드시 나와 터가 만나야만 합니다.

그런데 동물들에게도 터, 즉 삶의 터전은 있습니다. 하지만 인간과 달리 동물들은 삶의 터전을 발전시켜 나가지는 않지요. 노동할 역량이 있는 인간에게 과거란 그저 지나간 시간이기만 한 것이 아니라 반성하며 돌아보는 시간이고 새로운 미래를 열어 나갈 근거가 되는 시간입니다. 미래 역시 앞으로 도래할 시간이기만 한 것이 아니라, 무한한 가능성으로 가득 차 있는 시간이지요. 삶의 터전을 더 좋게 변화시켜 나갈 수 있는 시간입니다. 나의 미래는 지금 내가 어떤 선택을 하느냐에 따라 얼마든지 달라질 수 있습니다. 미래를 대비하는 인간의 태도는 얼마 후 자기 앞으로 사냥감이 지나가기를 기다리는 짐승들의 태도와는 다릅니다. 살아남으려는 본능과 충동으로 앞으로의 일을 기다리는 짐승의 모습과 자신의 역량으로 삶의 터전을 이전보다 더 나은 곳으로 바꾸고 자신이 원하는 미래를 향해 나아가려는 인간의 모습은 분명 비교조차 할 수 없죠. 동물들에게 시간이 없다는 것은 이런 뜻입니다. '동물들은 인간의 과거와 미래를 알지 못한다'는 의미입니다.

결국 시간이란 노동을 통해 삶의 터전을 가꿀 수 있는 역량이 있는 자만이 가질 수 있는 겁니다. 지금보다 더 아름답고 훌륭한 나를 만들어 나갈 수 있는 사람만이 참된 의미의 시간 속에서 살 수 있습니다.

그렇다면 시간이란 결국 인간의 주체적 역량에 의해 생겨나는 것이 아니냐고요? 뭐, 그렇게 볼 수도 있겠지요. 동물은 자신의 미래를 설계할 주체적 역량이 없어 시간을 가지지 못하지만, 인간은 주체적 역량을 지니고 있기에 시간을 가진다는 식으로요. 하지만 인간이 지닌 모든 역량은 인간 혼자서 발휘할 수 있는 것이 아니라, 오직 다른 무엇과의 '만남'을 통해서만 드러낼 수 있다는 점을 기억해 두세요. 그리고 역량을 주체적으로 발휘하는 것은 시간을 의식하며 사는 자만이 할 수 있는 것입니다. 주체적 역량을 발휘하려면, 그에 앞서 과거의 경험을 반성할 줄 알아야 하고, 현재의 자신을 돌볼 줄 알아야 하며, 스스로 미래를 열어 나갈 수 있어야만 하죠. 과거·현재·미래라는 시간이 미리 주어져 있지 않으면, 그리고 그 시간들을 의식하고 있지 않으면 결국 어떤 역량도 발휘할 수 없습니다. 정리하자면 시간이 인간으로 하여금 주체적 역량을 발휘하게 하는 것은 가능하지만, 인간의 주체적 역량이 시간을 생겨나게 하는 것은 아닙니다. 그런 점에서 시간이란 인간의 주체적 삶의 관점에서는 온전히 파악할 수 없는, 보다 더 근원적인 의미를 담고 있는 말이라 할 수 있지요.

시간은 마치 꽃의 '아름다움'과도 같은 겁니다. 꽃이 아름다울 수 있는 것은 꽃을 보고 아름다움을 느낄 수 있는 사람이 있기 때문입니다. 아름다움을 느낄 수 있는 사람이 없다면 꽃은 그저 무의미할 뿐입니다. 하지만 사람이 꽃의 아름다움을 만들어 낸 것은 아니죠. 마찬가지로 시간은 자신의 미래를 스스로 계획하고 열어 나갈 수 있는 특별한 존재인 인간이 없으면 생겨나지 않지만, 그렇다고 인간이 시간을 만들어 냈다고 말할 수는 없습니다. 무언가를 만드는 행위 자체도 이미 시간 속에서만 가능하고요. 결국 시간은 인간이 '나는 동물과 달리 과거·현재·미래 속에서 내 삶을 헤아릴 줄 아는 특별한 존재다'라는 것을 표현하는 말이라 할 수 있습니다.

노동과 문명

지금까지, 인간은 노동할 역량이 있는 존재며, 노동할 역량은 터가 있어야만 발휘할 수 있고, 노동할 역량을 발휘하며 살 수 있기에 인간은 동물과 달리 시간 속에서 살 수 있게 되었다는 것을 확인해 보았습니다.

그렇다면 노동할 역량으로 인간은 자신의 삶을, 즉 자신의 미래를 어떻게 변화시켜 나갈까요? 크게 두 가지 답을 할 수 있습니다. 첫째, 보다 안전하고 풍요로운 삶의 터전을 만들어 나갑니다. 둘째, 자신을 지금보다 더 성숙하고 훌륭하게 변화시켜 나가죠. 그런 의미에서 노동은 늘 윤리적입니다. 갑자기 윤리라니, 의아해하는 사람들이 분명히 있을 것 같네요. 그런 사람들을 위해 또 한 번 동물과 인간을 비교해 보도록 하겠습니다.

인간과 달리 동물은 노동을 하며 사는 것이 아니라 그저 타고난 대로, 본능에 따라 행동하며 삽니다. 윤리가 아닌 순수한 힘의 논리에 따라 살아가지요. 하지만 인간들은 서로 경쟁하기도 하고, 경쟁에서 이기려고 노력하기도 합니다. 경쟁은 단 한 번으로 끝나는 법이 잘 없죠. 경쟁이 끝나면 항상 다음 경쟁이 기다리고 있습니다. 때문에 이기든 지든, 늘 강한 모습을 유지하기 위해 혹은 더 강해져 상대를 이기기 위해 끊임없이 노력하고 노동합니다. 그것이 인간입니다. 그런데 동물은 그렇지 않죠. 물론 우리 눈에 동물들은 인간들보다 훨씬 더 격렬하게 싸우는 것처럼 보입니다. 우두머리 자리를 놓고 벌이는 싸움이 인간들의 그것과는 비교도 안 될 만큼 난폭해 보일 때도 있습니다. 하지만 그건 경쟁이라고는 할 수 없습니다. 경쟁은 서로가 서로를 이기기 위해 혹은 앞서기 위해 하는 것인데, 그들의 싸움은 그저 살아남기 위한 것일 뿐이니까요. 또한 지속되지도 않습니다. 한 번 승패가 결정되고 나면 그걸로 끝입니다. 노동하며 미래를 바꿀 수 없는 동물들은 이미 한 번 자신을 이긴 상대와 또 한 번 싸워 다시 승리할 가능성을 생각하지 않습니다. 늑대들의 세계를 떠올려 보세요. 늑대들도 간혹 서로 힘겨루기를 하지요. 하지만 한 번 겨뤄 누가 더 강한지 드러나면 다시는 싸우지 않습니다. 도무지 그럴 이유가 없으니까요. 약한 늑대 입장에서는 상대가 강하다는 것을 알고서도 도전하는 것만큼 무모하고 어리석은 일이 없고, 강한 늑대의 경우에도 쓸데없는 싸움에까지 힘을 들일 필요가 전혀 없습니다. 다양한 종들이 섞여 있는 동물 전체의 무리를 생각해 보아도 사정은 별로 다르지 않습니다. 사자와 얼룩말의 싸움을 경쟁으로 볼 수는 없는 노릇입니다. 사자가 얼룩말을 공격할 수는 있지만 그건 이기기 위해 하는 경쟁이 아니며, 얼룩말이 사자를 공격하는 일은 결코 없습니다. 동물들은 그저 모두가 살아남기 위해 그때그때 최선을 다할 뿐입니다. 애초에 노동을 통해 자신을 더 강하게 만들 수 있는 가능성을 지니고 있지 못하기 때문에, 자신보다 강한 자는 피하고 약한 자는 필요할 때마다

제압하며 살 뿐입니다.

하지만 인간은 전혀 다릅니다. 경쟁에서 패해 상대가 강하다는 것을 알고 나면 그 다음 경쟁에서는 도구를 사용해 상대를 제압해 버리기도 하고, 노동을 통해 부나 권력을 축적해 아예 상대가 쳐다볼 수 없는 높은 위치에 올라가 버리기도 합니다. 강해질 수 있는 방법과 가능성이 무한하기에 경쟁 또한 무한하게 해 나갑니다. 노동할 역량이 없어 오로지 힘의 논리에 따라서만 살아가는 동물들은 우리가 말하는 '평등한' 세상 속에서는 살 수 없어도 경쟁 없는 세상에서는 살 수 있습니다. 하지만 노동할 역량을 지녀 끊임없이 스스로를 강하게 만들어 가려는 인간들이 모인 세상에서는 무한 경쟁이 벌어지기가 더 쉽죠. 자신보다 강한 자가 수없이 많지만, 더 강해질 수 있는 가능성 또한 지니며 살고 있기에 서로 경쟁하기를 그칠 수 없습니다.

그런데 끊임없이 경쟁하는 것만큼 사람을 불안하고 두렵게 만드는 일이 또 없습니다. 더군다나 공부나 운동에서 일등을 하려는 경쟁이 아니라 살아남기 위한 경쟁을 하며 살아야 하는 것이라면, 누군가가 자신을 해칠지도 모른다는 두려움을 떨쳐낼 길이 없지요. 그래서 인간은 그러한 두려움과 불안으로부터 벗어나려는 노력을 하며 살아왔습니다. 그 노력들은 크게 세 가지 방식으로 나누어 설명할 수 있습니다.

자신과 경쟁하는 사람을 아예 제거해 버리는 것이 그 첫 번째 방식입니다. 불행하게도 여전히 이 방식을 사용하는 사람들이 있지요. 우리 사회에는 아직도 경쟁에서 이기기 위해 살인까지 저지르는 사람들이 있습니다. 하지만 이런 식으로는 문제를 근본적으로 해결할 수 없습니다. 인간은 다른 사람들과 더불어 살아야만 하는 사회적 동물이니까요. 또한 모든 사람들을 잠재적, 현실적 적으로 삼고 제거해 버린다는 것은 실제로 있을 수도 없고 있어서도 안 되는 일입니다. 게다가 이런 식의 방식을 나만 사용하라는 법도 없죠. 그러니 결국 경쟁을 살인으로 해결하는 것은 누군가가 자신을 해칠지도 모른다는 두려움을 더욱 증폭시키는 결과로 이어지기 십상입니다.

두 번째는 많은 사람들을 한 무리로 조직해서 그 무리에 속하지 않은 다른 사람들을 제압하는 방식이라 설명할 수 있습니다. 마피아와 조직폭력배, 해적들이 이런 '무리'의 대표적인 사례들이죠. 어떤 의미에서는 국가 역시 그 사례에 속한다고 볼 수 있습니다. 한 국가가 다른 국가를 침략하는 일이 역사 속에서 계속 반복되어 왔으니까요. 그런데 첫 번째 방식과 마찬가지로 두 번째 방식 역시 한계를 지닐 수밖에 없습니다. 두 번째 방식도 결국 폭력에 호소하는 방식이기 때문에 다른 무리가 자신이 속한 무리를 공격할 가능성을 배제할 수 없지요. 운이 좋으면 자신이 속한 무리가 최강이 되어서 경쟁자들을 전부 제압할 수도 있겠지만, 설사 그렇다 해도 문제가 다 해결되지는 않습니다. 힘의 논리에만 호소하는 한 언젠가 더 강대한 무리가 생겨나 자신이 속한 무리를 공격할 가능성을 배제할 수 없습니다. 또한 자신이 속한 무리에서도 언제든 기회만 되면 폭력적인 세력 다툼이 일어날 수 있습니다. 그렇게 되면 또 다시 죽음의 위협에 처하게 되고, 불안과 두려움에 빠지게 됩니다.

이 두 번째 방식은 조금 다른 측면으로도 생각해 볼 수 있습니다. 사실 순전히 힘의 논리에만 호소해서는 어떤 무리도 조직화되지 않습니다. 우두머리나 조직에 대한 충성심 같은 것이 전제되지 않으면 어떤 무리도 유지될 수가 없지요. 결국 무리가 형성되고 유지되려면 일종의 윤리적 의식이 있어야만 합니다. 어떤 무리가 자기 무리에 속하지 않은 다른 사람을 공격하는 일 역시 무리 안에서는 그 사람들을 공격하는 것이 도덕적으로 정당화되었기 때문에 일어날 수 있는 겁니다. 이런 면에서 두 번째 방식은 윤리적 의미를 내포하고 있습니다.

마지막 세 번째는 모든 인간들을 하나의 무리로 여기고, 무리 내 모든 인간들에게 통용할 윤리 의식을 계발하는 방식입니다. 대개의 사람들은 살인해서는 안 된다, 이유 없이 사람을 폭행해서는 안 된다는 식의 윤리 의식을 가지고 있습니다. 이는 우리 사회에 보편타당한 것으로 여겨지는 정의가 있기 때문입니다. 정의의 이념에 기반한 공통의 윤리 의식이 무리 내 모든 사람들을 폭력과 죽음의 위협으로부터 멀어지게 만든 것입니다. 첫 번째, 두 번째 방식과 달리 이 세 번째 방식은 살아남기 위한 무한 경쟁 속에서도, 폭력과 죽음의 위협에서 완전히 벗어날 수 있는 가능성은 있다는 사실을 우리에게 일깨워 줍니다. 물론 이 가능성이 온전히 현실화되는 일은 아마 일어나지 않겠죠. 하지만 첫 번째, 두 번째 방식이 그 어떤 가능성도 제시하지 않았다는 점을 생각해 보면 세 번째 방식의 의미는 결코 과소평가할 수 없습니다.

인류의 문명은 이렇게 폭력과 죽음의 위협으로 인하여 생겨난 불안과 두려움 앞에서 자신의 삶을 안전하게 지켜 나가려는 인간의 노력과 의지를 기반으로 발전해 왔습니다. 하지만 그 발전이 항상 좋은 방향으로만 되어 온 것은 아니죠. 첫 번째, 두 번째 방식이 최소한으로 사용되고, 주로 세 번째 방식으로 불안과 두려움을 떨쳐 나가는 것이 가장 바람직한 모습이겠지만, 우리가 살고 있는 이 사회에서는 여전히 열거된 세 가지 방식이 모두 사용되고 있습니다. 결국 인류가 문명 속에 살게 된 것, 그 속에서 무한 경쟁을 피할 수 없게 된 것, 그 가운데 경쟁으로 인한 항구적인 폭력과 죽음의 위협 속에 놓이게 된 것이 모두 인간이 미래를 변화시킬 수 있는 역량, 즉 노동할 역량을 가지고 있기 때문입니다. 그런데 그 노동할 역량을 가지고 있기 때문에 여러 가지 위협들을 줄여 나갈 수 있는 가능성이 있고 그로써 평화로운 공존을 맞이하게 될 가능성 역시 있죠. 그런 점에서 노동은 곧 인간의 전부라고 말할 수 있습니다. 인간에게 속한 악의 가능성도 선의 가능성도 전부 인간이 행하는 노동의 산물이니까요.

그러고 보니 노동은 결코 좋기만 한 것은 아니네요. 노동할 역량을 통해 좋은 것이 생겨날 수도 있지만 나쁜 것도 생겨날 수 있으니까요. 하지만 그럼에도 우리 인간에게 노동은 무엇보다도 소중합니다. 노동할 역량을 아름답고 훌륭하게 발휘할 수만 있다면 현실의 문제도 미래의 문제도 얼마든지 해결이 가능하고 지금보다 더 나은 미래를 꿈꾸며 실현할 수 있으니까요. 그러니 노동할 역량을 가진 인간에게 무엇보다도 필요한 것은 노동할 역량이 아름답고 훌륭하게 발휘될 수 있도록 할 지혜를 사랑하는 마음입니다. 참으로 지혜로운 사람은 노동을 미워하지 않습니다. 자신과 남을 위해 수고로이 노동하기를 마다하지 않는 사람이야말로 진정한 지혜를 가진 아름다운 사람이라 말할 수 있습니다.

더 깊이 생각하게 하는 책들

국부론

아담 스미스 지음,
유인호 옮김,
동서문화사, 2008.

자본주의 경제학을 다룬 책들 중 가장 중요한 고전으로 꼽히는 작품. 경제학의 근본 원리들이 구체적인 예들을 중심으로 명쾌하게 설명되어 있다. 아담 스미스의 경제학에서 가장 유명한 개념은 '보이지 않는 손'이다. 사람들은 이 개념을 흔히 약육강식의 논리와 같은 것으로 오인하는데, 이 책을 잘 읽어보면 그 개념은 오히려 독점을 배제함으로써 누구나 노동의 정당한 대가를 받게 하려는 목적으로 제기된 것이라는 점을 알 수 있다.

도덕감정론

아담 스미스 지음,
박세일·민경국 옮김,
비봉출판사, 2009.

아담 스미스의 대표작 중 하나. 이 책에 등장하는 여러 개념들 중 가장 눈여겨보아야 하는 것은 '공감'이다. 아담 스미스는 공감은 단순히 다른 사람의 감정에 동화된 상태를 뜻하는 단어가 아니라, 내가 자신을 위해 최선을 다하며 살듯 남들 역시 그러하다고 이해하는 태도에 바탕을 두고 있는 감정이라 이야기한다. 따라서 각자의 노동에 정당한 가치를 지급하는 것이 마땅하다고 여기는 우리의 도덕 감정 역시 공감에 토대를 두고 있는 것이라 설명한다.

에밀

장 자크 루소 지음,
김중현 옮김,
한길사, 2003.

18세기 프랑스의 사상가 루소의 교육관을 엿볼 수 있는 책. 메마른 이성 중심의 교육을 비판하고, 아이들의 자유분방한 천성과 감성을 북돋우는 교육이 참된 교육이라고 설파한다. 노동의 관점에서 이런 교육론의 의미는 참으로 크다. 노동이란 노동하는 사람을 자유분방하게 살 수 있도록 돕는 경우에만 바람직할 수 있기 때문이다. 그렇지 않은 노동은 노동하는 사람을 예속만 할 뿐 바람직한 결과로 이어지지 않는다.

사회계약론

장 자크 루소 지음,
김중현 옮김,
펭귄클래식코리아,
2010.

《에밀》이 자유분방하고 고유한 삶을 가능하게 할 구체적 방법론을 교육의 관점에서 다룬 책이라면, 《사회계약론》은 그러한 삶의 이념이 왜 마땅하고 올바른 것인지를 해명하는 책이다. 루소는 사회는 개인들 간의 계약에 의해 형성된다고 주장했다. 이때 계약의 근본 목적은 자유분방하고 고유한 삶의 증진에 있다. 이 말은 개인의 자유분방한 삶을 억압하는 모든 행위는 원천적으로 사회계약에 위배되는 것으로, 어떤 논리를 통해서도 정당화될 수 없다는 의미를 내포하고 있다.

리바이어던

토마스 홉스 지음,
최공웅 · 최진원 옮김,
동서문화사, 2009.

이 책의 핵심 주제는 '삶의 보존에 이바지할 현실적 근거에 대한 모색'이다. 삶은 이념에 대한 동경만으로 꾸려질 수 없으며 삶을 위협하는 여러 도전들에 맞설 수 있는 역량이 확보되어야만 유지될 수 있다. 그러한 가능성을 홉스는 국가에서 본다. 홉스의 관점에서 노동은 국가 권력을 강화시켜 노동을 행하는 사람의 생존 가능성을 높여 주는 일이기도 했지만, 동시에 강력한 국가 권력을 구축해 국가 권력을 노동을 행하는 자의 우위로 끌어올리는 결과로 이어지는 일이기도 했다.

경제학-철학 수고

칼 마르크스 지음,
강유원 옮김,
이론과실천, 2006.

노동을 행하는 사람에게는 노동하는 사람이 노동의 정당한 대가를 받을 수 있느냐 없느냐가 가장 중요한 관심사 중 하나다. 마르크스는 자본주의 정치경제에 대한 체계적 분석과 이해를 바탕으로 노동의 결과가 어떻게 노동을 행하는 자로부터 소외되는지를 밝혀냈다. 물론 현대 자본주의는 마르크스가 살던 시대의 자본주의와 여러 가지로 다르지만, 그럼에도 '소외된 노동'에 대한 마르크스의 해명은 오늘날에도 여전히 유의미하다.

자유

마음껏 자유롭게 살고 싶은가요?

심상우

몇 달 전 친한 친구들 몇 명과 저는 저희끼리만 이야기할 수 있는 단체 채팅방을 하나 만들었습니다. 답답한 일이 있으면 그곳에 감정을 털어놓고 마음을 풀기도 하고 서로의 이야기들을 듣고 위로하며 재미있게 지내고 있죠. 그런데 요즘은 가끔 그 채팅방이 제 마음을 풀어 주는 곳이 아니라 마음을 꽉 누르고 억압하는 곳이 된 것만 같이 느껴집니다. 가끔 혼자 있고 싶을 때는 그곳에서 오가는 말들도 듣고 싶지 않은데 제 마음을 알 리 없는 채팅방은 언제나 쉼 없이 울리기를 그치지 않으니까요. 그런데 친구들과의 관계가 걱정되어 막상 나올 수는 없고, 그럴 땐 어쩔 수 없이 마음에도 없는 말들만 몇 마디 하고 전화기를 가방 속에 집어넣어 버립니다. 그래서 요즘은 그 채팅방이 마냥 좋지가 않아요. 이제까지는 제 마음을 풀어 주고 답답한 일들을 위로해 주는 공간이었지만, 이제부터는 저를 억압하고 속박하는 공간이 될 수도 있겠다는 느낌이 들었죠. 이런 일들이 계속되면 전 어떻게 해야 할까요? 친구들과의 관계를 생각해 좀 참고 견뎌야 할까요, 아니면 과감히 박차고 나와 버려야 할까요? 더 이상 그곳에서 자유와 해방감을 느낄 수 없다면 전 이곳과 제 친구들을 어떻게 대해야 좋을까요?

인간다움의 조건

모든 인간에게는 인간다운 삶을 살 권리가 있습니다. 인간답게 살아갈 의무가 있다고 할 수도 있죠. 여러분이 생각하는 인간다운 삶이란 어떤 모습인가요? 흔히 인간다움의 조건을 이야기하며 빠뜨리지 않고 드는 가치 중 하나가 바로 자유입니다. 그런데 막상 누군가 우리에게 "자유가 뭐니?"라고 물으면 대답하기가 쉽지 않죠. "마음대로 사는 거, 하고 싶은 대로 하는 게 자유 아니에요?"라는 피상적인 대답만 겨우 할 뿐입니다. 수많은 사람들이 사랑을 이야기하고 서로에게 사랑한다 말하지만 사랑이 무엇인지는 제대로 정의하지 못하죠. 자유 역시 그런 것 같습니다. 모두가 자유롭고 싶어하고 자유에 대한 이야기들을 하지만 자유가 무엇인지, 무엇으로부터 자유한 것이 자유로운 것인지는 깊게 생각하지 않고 쉽게 말하지 못합니다.

어느 날 옆에 있던 친구가 갑자기 "나는 자유로워!"라는 말을 했다고 가정해 봅시다. 여러분이라면 친구의 말을 어떻게 이해하시겠습니까? 아마 그전에 친구가 어떤 상황에 있었는지, 어떤 말을 하고 있었는지 알지 못하고는 그 말의 의미를 짐작하기가 쉽지 않을 겁니다. 그저 '시험이 끝났나? 엄마가 여행을 가셨나? 숙제를 다 한 건가?'와 같은 추측 정도만 할 수 있겠죠. 자유롭다는 말은 이렇게 내가 이전에 무엇에 억압되어 있었는지, 무엇이 나를 속박하고 있었는지를 함께 이야기하지 않으면 의미가 모호해집니다. 자유란 억압과 속박의 대립적 산물이기 때문입니다. 인간이 자유를 좋아하는 이유는 인간이 본성적으로 억압당하고 속박당하는 것을 좋아하지 않기 때문입니다. 특히 어른들보다는 청소년들이 자유를 더 많이 동경하지요. 어른들의 삶보다 청소년들의 삶이 더 억압받고 속박당하는 경향이 많기 때문일 겁니다.

억압과 속박 외에도 구속, 강제, 규정, 방종, 관성, 무자각, 빈곤, 질병, 배고픔, 소외, 욕심, 금지, 위압, 독재, 획일성, 통속성, 보수성, 자폐, 기계적 조작, 악 등을 자유와 대립되는 개념이라고 말할 수 있습니다. 자유는 그것들의 반대, 가령 해방, 지적 선도, 빈곤의 극복, 이기주의의 극복, 방임, 규범의 침범, 필연성의 인식, 아무것도 잃은 것이 없는 상태, 비인격적 관계의 유지와 그것을 위한 규칙 및 상징적 권위의 승인, 지배자의 유동화, 자기의 다원화, 시행착오 등이라고 말할 수 있겠죠. 자유란 이렇게 복수의 의미를 가지며 다양한 맥락 속에서 이야기됩니다.

자유를 논하며 절대 빠뜨려서는 안 되는 17세기 영국의 철학자 홉스는 자유를 "저항의 부재"라는 말로 표현했습니다. 저항할 것이 없는 상태, 즉 억압이나 속박이 없는 상태라는 의미로 이해할 수 있을 것입니다. 이때 억압이란 다른 누군가가 나에게 가하는 것일 수도 있겠지만 내가 나에게 가하는 것일 수도 있습니다. 홉스가 말한 자유란 '내가 스스로에게 가하는 억압이 없는 상태'를 뜻했죠. 즉 홉스는 자유를 존엄성을 지키기 위한 최소의 요건으로 생각했습니다.

자유에 대한 논의가 활발하게 오가기 시작하고, 사회 구성원들이 적극적으로 자유의 필요성을 외치기 시작한 때는 근대 이후였습니다. 19세기 초 민주주의의 등장이 기점 역할을 했지요. 민주주의 개념이 등장하기 전까지만 해도 서구의 정치제도는 전제군주제로, 대개의 시민들은 왕이나 군주의 일방적인 지배를 받으며 살았습니다. 그 특정 계층이 국가의 주인이었기 때문에 그들의 억압과 착취는 그저 견뎌야 하는 것이었지요. 그런데 그들 특정 계층이 아니라 모든 사람이 국가의 주인이라는 새로운 사상이 어느 날부터 유입되기 시작했습니다. 사람들은 국가의 주인으로서 국가를 대표하는 사람을 자기 마음대로 뽑을 권리, 자기 의지대로 국가의 일을 결정할 권리를 갖게 되었습니다. 자유롭게 자신의 권리와 자유를 요구할 수 있게 되었습니다.

근대 시민혁명*이 이룬 가장 큰 업적은 바로 이렇게 사회 구성원 모두, 즉 시민들에게 결코 침범할 수 없는 자유를 보장해 준 것이었습니다. 물론 아무 조건도 없이 맹목적인 자유를 제공한 것은 아니었지요. 사회는 '다른 사람에게 해악을 끼치지 않는 한에서 자유를 행사할 권리를 보장해 주겠다'는 법률 조항을 만들었습니다. 그 법률이 보장하는 범주 안에서 사람들은 자기 삶의 주인으로, 마음대로 생각하고 원하는 대로 표현하며 살 수 있었습니다. 자유를 행사하는 모습이 설사 타인의 눈에 변태처럼 보이거나 누

★ 근대 시민혁명—중소 상공업자를 중심으로 형성된 시민 계급에 노동자와 농민이 가담하여 봉건 제도를 타파하고 자본주의적인 정치·경제 체제를 확립한 사회 혁명. 17세기 영국의 명예혁명, 18세기 프랑스혁명이 대표적이다. '부르주아혁명'이라고도 한다.

군가의 심기를 불편하게 하는 것일지라도 자유를 저지당하지는 않았습니다. 그런 이유만으로 자유를 제한할 수는 없었지요. 다른 사람에게 해악이 되지 않는 한, 표현할 자유도 무리를 이루어 모일 자유도 보장받을 수 있었습니다.

그런데 안타깝게도 오늘날 우리 사회는 그런 자유들을 온전히 보장해 주지 못하고 있습니다. 예컨대 지금과 같은 남북 대치의 상황하에서 우리는 완전히 자유로운 이데올로기* 논쟁을 할 수 없습니다. 내 기준에서는 옳고 좋은 말이 다른 사람들의 기준에서는 옳지 않고 좋지 않은 말일 수 있지만, 그래도 그런 말들이 타인에게 해악을 끼치거나 타인의 자유를 제약하지는 않지요. 하지만 우리나라는 그런 말들을 하며 논쟁하는 것을 국가보안법이라는 법률로 제한합니다. 19세기 영국의 철학자이자 경제학자였던 밀은 "한 개인을 다수가 좋다고 여기는 방식으로 살게 강제하는 것보다 스스로 좋다고 여기는 방식으로 살게 내버려 두는 것이 그에게 훨씬 더 큰 혜택을 주는 것이다"라고 주장했습니다. 지금 우리나라는 사회 구성원들에게 여러 가지 자유를 보장해 주고는 있지만 안타깝게도 밀이 말한 "스스로 좋다고 여기는 방식으로 살 자유"를 온전히 다 보장해 주지는 못하고 있는 것 같습니다.

사실 지금 우리가 누리고 있는 우리 사회의 여러 자유들은 아

★ 이데올로기—특정 집단의 사상, 행동, 생활 방식을 근본적으로 제약하는 관념이나 신조의 체계.

주 오랜 기간 힘겨운 투쟁을 해 온 끝에 얻어 낸 성과입니다. 어느 순간 갑자기 주어진 것들이 아니라 자유를 억압하는 규율과 인습들에 맞서 싸워 조금씩 승리한 결과로 쟁취한 것들이지요. 아주 오래전에 만들어졌지만 "카르페 디엠!"이라는 명대사로 지금까지도 많은 사람들의 가슴을 울리고 있는 〈죽은 시인의 사회〉라는 영화가 있습니다. 사회의 관습과 규율이 우리의 자유를 어떻게 속박하고 있는지를, 그 속에서 어떻게 살아야 자유를 쟁취할 수 있는지를 아주 잘 보여 준 작품이었죠. 영화의 주인공인 키팅 선생은 학생들에게 자신만의 독특한 신념을 믿고 그것을 따라 살아갈 것, 자유로운 삶을 통해 자기다움을 찾아 나갈 것을 끊임없이 독려했습니다.

> "나는 자유롭게 살기 위해 숲 속으로 갔다. 숲 속에 깊이 파묻혀 삶의 정수를 빨아들이며 살고 싶었다. 삶이 아닌 것은 모두 떨쳐 버리고, 삶이 다했을 때는 삶에 대해 후회하지 말라"

영화에서 재인용된 소로의 시구입니다. 이 시를 비롯해 영화 속에서 오간 키팅 선생과 학생들의 자유를 향한 갈망의 목소리들은 하나같이 자유는 나를 억누르는 어떤 질서나 사물, 이를테면 가정이나 국가의 굴레에서 벗어날 때 비로소 도래한다는 사실과, 자유를 추구하는 과정에는 반드시 고통이 수반된다는 사실을 우리에게 가르쳐 주었습니다.

타인의 굴레를 벗어나

흔히 '생각은 자유다'라는 말을 하죠? 말 그대로 사람들은 몸과 행동은 자유롭지 못해도 생각만큼은 당연히 자유롭게 할 수 있다고 생각하는 경향이 있습니다. 육체적 자유까지 얻기는 힘들지만 정신적 자유는 늘 주어져 있어 마음만 먹으면 얻을 수 있는 것이라 생각하는 거죠. 그런데 정말 그럴까요? 정말 우리의 생각과 정신은 그 어떤 것에도 구속당하지 않은 채 자유로운 상태에 있다고 말할 수 있을까요? 잠깐 스스로의 생각, 각자의 머릿속을 들여다봅시다. 어떤 생각들이 떠다니고 있나요? 그 생각들은 정말 어떤 구속과 억압도 받고 있지 않나요?

아마 조금만 유심히 보면, 자기 머릿속에 들어 있는 생각이 실상 온전히 자기 것이 아니라는 사실을 깨달을 수 있을 겁니다. 생각이란 일반적으로 교육을 통해 만들어진 일정한 범주 안에 갇혀 있기 마련이지요. 인간은 사회 속에서 다른 사람들과 함께 살아갑니다. 함께 사는 데 필요한 윤리를 배우고, 타인의 시선과 평가 아래 스스로의 생각과 행동을 고쳐 나갑니다. 때문에 어느 정도 사회화된 인간은 외부의 요청이나 규제, 직접적인 위협이 없어도 순전히 자기 멋대로 행동하지 않고, 스스로 타인들의 시선을 고려해 행동합니다. 그러니 생각이란 온전히 자기 마음에 따라 만들어지는 것이 아니죠. 타자들의 요구에 부응하기 위한 노력의 결과물인 경우가 더 많습니다.

20세기 프랑스의 철학자 사르트르는 “무엇이건 나에 관한 진실을 얻으려면, 반드시 타자를 거쳐야만 한다. 타자는 나의 존재에 필수불가결하다”라고 말했습니다. 그의 말대로 내 삶은 타인들의 삶과 너무나 밀접합니다. 우리는 때로 내가 원하는 방식대로가 아니라 그들이 기대하고 희망하는 대로 살아가지요. 타인의 존재는 내 자유를 속박하는 커다란 굴레입니다. 진정한 자유란 그 굴레를 벗어날 때 비로소 얻을 수 있는 것입니다. 따라서 자유에는 배타성이 짙게 드리워 있습니다. 타인의 자유가 아닌 오로지 내 자유만을 추구해도, 그 일은 결코 나만의 문제로 끝나지 않기 때문입니다. 때로 그 일은 타인의 희망이나 기대를 여지없이 꺾어 버리는 일이 되기도 합니다. 그런 의미에서 자유란 ‘오랫동안 지속해 온 인간관계의 속박을 벗어나는 과정에서 작동하는 것’이라고 말할 수 있습니다.

사르트르는 “자신을 창조해 나가기 위해 하는 모든 행동의 제1조건은 자유다”라고도 이야기했습니다. “그렇기에 인간은 자유롭지 않을 자유가 없다”라고 까지 단언했지요. 인간으로서 온전히 자기 삶을 살기 위해서는 가장 먼저 자유로워야 한다, 즉 자신과 오랜 시간 밀접한 관계를 맺어 온 타인들의 기대와 희망을 넘어서야만 한다는 의미입니다. 하지만 오래된 관계를 깨고 주변 타인들의 시선에서 벗어나는 것은 결코 만만한 일이 아닙니다. 대다수의 사람들은 자기가 자라 온 곳의 기후나 풍토, 가족들의 성향을 닮아 갖게 된 오래된 습관, 특정 문화권의 생활 방식, 한 국가의 정체성 등에 이미 젖어 살죠. 자신의 삶과 정체성을 그것들로부터 분리해 내는 것은 정말 쉽지 않습니다. 각고의 노력이 필요한 일입니다. 그래서 자유에는 고통이 따르는 것입니다. 자유란 그 고통의 시간을 이겨낸 후에야 얻을 수 있는 노력의 결실입니다.

빠져듦, 벗어남, 또 한 번의 빠져듦

삶 속에는 이렇게 자유를 제약하는 수많은 요소들이 있지만, 그 속에서 우리는 끊임없이 자유를 갈망합니다. 해도 해도 끝이 안 나는 공부와 끊임없이 이어지는 시험의 굴레 속에서 무한정 자유로울 수 있는 사람은 아마 없겠지만, 그래도 우리는 가끔 그 모든 부담에서 벗어나 자유롭게 살 수 있는 날을 꿈꾸죠.

혹시 술과 도박, 약물 등에 중독되어 사는 사람들을 본 적이 있나요? 그들은 왜 그것들로부터 벗어나지 못하는 것일까요? 추측컨대, 그것들에 취해 있는 시간이 그렇지 않은 시간보다 더 행복하기 때문일 겁니다. 그들은 아마 '일탈할 자유를 억압하는 사회 법규로부터의 해방'을 자유라고 생각할 겁니다. 남들은 시도조차 하지 못하는 어마어마한 일들을 자기는 자유롭게 한다고 생각하며 스스로 이 사회로부터 자유하다고 생각하고 있겠죠. 하지만 정말 그럴까요? 그들이 정말 자유로울까요? 물론 그들은 자신을 구속하던 사회 법규로부터 일시적으로 벗어난 것은 맞습니다. 그 일시적인 해방을 자유라 말한다면, 그런 의미에서는 어느 정도 자유를 획득했다고 말할 수 있겠죠. 하지만 그 자유는 매우 제한된 자유입니다. 욕망이 만들어 낸 또 다른 억압의 구조 속에 머물러 있는 자유죠. 끊어 낼 수 없는 약물과 도박의 굴레에 빠져 버렸기에, 그들은 그것들을 계속해서 하고자 하는 자신의 욕망에서 결코 자유롭지 않습니다. 즉 하고 싶은 것을 다 하며 사는 것이 결코 자유로울 수 있는 방법이 아닙니다. 진정한 자유란 자신의 욕망으로부터 벗어날 수 있을 때 비로소 얻을 수 있는 것입니다.

누군가는 욕망에 갇혀 살 자유, 예컨대 약물의 노예로 살 자유도 자유가 될 수 있다고 주장할지 모릅니다. 하지만 그것은 책임과 깊은 관계를 맺고 있는 자유의 속성을 제대로 알지 못해 하는 말입니다. 자유는 늘 책임을 동반하지요. 자유로운 존재는 자기 삶의 일을 자기 의지대로 해 나가는 동시에 자기로 말미암아 자기 삶에서 일어나는 모든 일에 전적인 책임을 지며 삽니다. 자기 주변에서 일어나는 모든 일을 감당할 수 있어야만 진정으로 자유로운 존재일 수 있습니다. 술에 빠져 사는 사람들과 도박판에 매여 있는 사람들은 온종일 술을 마시고 도박을 할 수는 있지만 자기 행동으로 인해 일어나는 뒷일들을 조금도 감당하지 못합니다. 자기 삶을 자기가 원하는 대로 사는 게 아니라 술이 이끄는 대로, 도박이 이끄는 대로 삽니다. 삶의 모든 선택권을 술과 도박에 빼앗긴 채 사는 것이니, 그런 삶을 자유로운 삶이라 말할 수는 없지요. 자유란 끊임없이 열려 있는 세계로 나아가며 자신을 열어 가는 것을 의미합니다.

그렇다면 자유로운 삶은 어떻게 살 수 있는 걸까요? 어떻게 해야 자기 욕망으로부터 벗어날 수 있을까요? 가령 게임에 빠져 사는 한 친구가 있다고 가정합시다. 실제로 시험의 압박과 공부의 부담 때문에 그렇게 하지는 못하지만 매일같이 컴퓨터 앞에 앉아 두 시간이고 세 시간이고 게임하고 싶어하는 친구들이 우리 주변에 아주 많죠. 아마 그 친구들은 잔소리 없는 세상에서 게임만 하며 사는 것을 자유라고 생각할 겁니다. 하지만 실상은 게임이야말로 그들의 자유를 구속하고 억압하는 굴레죠. 진정으로 자유롭기 위해서는 가장 먼저 게임으로부터, 게임하고 싶은 욕망으로부터 벗어나야 합니다. 그런데 강제로 게임을 그만해야 되는 일은 있어도, 한창 빠져 있는 게임을 그만두고 싶은 마음은 좀처럼 들지 않죠. 게임보다 몇 배는 더 재밌는 일, 혹은 당장 게임을 그만두어도 후회되지 않을 만큼 큰 보상이 주어지지 않는 이상 게임하고 싶은 욕망에서 벗어나기는 정말 쉽지 않습니다. 즉 게임하고 싶은 욕망을 잠재우는 것은 결국 게임보다 더 재미있는 일을 하고 싶어하는 욕

망입니다. 가령 농구하고 싶은 욕망이나 당장 게임을 그만두면 최신형 휴대전화를 사 주겠다는 부모님의 말씀을 듣고 생긴 그 휴대전화를 갖고자 하는 욕망이 나를 게임하고 싶은 욕망으로부터 벗어날 수 있게 해 주는 것입니다. 그런데 그렇게 되면 게임으로부터는 자유로워지게 되지만, 농구와 휴대전화로부터 또 다른 억압을 받게 됩니다.

결과적으로 자유는 빠져든 것으로부터 벗어나는 것이 목적인 행위지만, 벗어나기 위한 노력을 하다 보면 우리는 어느새 또 다른 무언가에 빠져 버린 자기 모습을 발견하게 됩니다. 자유를 위한 벗어남은 아이러니하게도 새로운 빠져듦을 동반하지요. 그래서 자유를 추구하는 동안은 '빠져듦, 벗어남, 빠져듦'의 과정이 순환 공식처럼 지속됩니다. 흔히들 자유를 '구속에서 벗어나는 것'이라 말하지만 다른 측면에서 자유는 '또 다른 무언가에 기꺼이 구속됨'이죠. 구속과 자유는 이렇게 언뜻 가장 먼 것처럼 보이지만 실상 가장 가까운 관계이기도 합니다.

개인의 자유와 공동체의 자유

인류는 아주 오래전부터 자유를 갈망해 왔습니다. 시대에 따라, 환경에 따라 주어진 여러 가지 억압들을 벗어나고자 끊임없이 노력해 왔죠. 그 모든 자유들은 크게 두 유형으로 나눠 볼 수 있습니다. 자연으로부터의 해방과 사회구조로부터의 해방, 이 두 가지가 바로 그것입니다.

고대인들은 자연의 폭력에서 벗어나기 위해 사회를 구성했습니다. 개인은 사회 구성원들의 도움으로 태풍이나 홍수 등의 자연재해를 극복할 수 있었죠. 하지만 동시에 사회의 구성원으로, 사회의 억압을 받게 되었습니다. 새로운 억압이 달가웠을 리 없었겠지만, 어쨌든 집단을 벗어나서는 거대한 자연의 폭력을 이겨 낼 도리가 당시에는 없었기에, 구성원들은 어쩔 수 없이 사회의 억압을 수용하며 살았습니다.

근대의 과학기술 혁명은 이랬던 상황을 급격하게 바꿔 놓았습니다. 과학의 힘을 빌려 인간은 자연의 힘에 굴복하는 존재에서 자연의 힘을 이용하는 존재로 변모했지요. 자연으로부터의 해방을 이룸과 동시에 사회의 억압을 용인할 필요도 없어졌습니다. 그래서 사람들은 사회의 속박에서 벗어나기 위한 투쟁을 시작했습니다. 사회로부터의 해방, **개인의 자유**를 요구하기 시작했습니다. 이 움직임은 이후 개인주의의 등장 배경이 되기도 했습니다.

그런데 개인이 사회의 속박에서 완전히 벗어나는 것이 과연 가능할까요? 가능하지 않습니다. 인간은 인간인 이상 직간접적으로 사회와 유기적인 관계를 형성하면서 살 수밖에 없습니다. 모든 인간은 여러 사람들과 함께 사회라는 범주 내에서만 살 수 있는 사회적인 존재죠.

그리고 제한된 사회 속에서는 개인의 자유를 온전히 다 보장받기가 힘듭니다. 사람들은 저마다 추구하는 자유가 다른데, 서로 다른 자유들은 때로 충돌을 일으키기 때문입니다. 자기 혼자 아무리 자유로워도 그 자유가 타인의 자유를 제한하거나 침해한다면 그것은 자유라기보다는 독단과 나르시시즘에 더 가깝습니다. 독단과 나르시시즘은 결국 자유가 아니라 고립을 초래하지요. 따라서 사회 속에서 개인의 자유는 축소된 형태로 드러날 수밖에 없습니다.

이와 관련해 18세기 독일의 철학자 칸트는 "서로의 자유를 방해하지 않는 범위 안에서 자기 자유를 확장하는 것, 이것이 자유의 법칙이다"라고 이야기했습니다. 타인의 자유를 존중해야만 자기 자유도 보장받을 수 있으며 자유란 주변 환경과의 끊임없는 대화를 통해 자신을 새로이 탄생시켜 나갈 때 비로소 얻을 수 있는 것이라는 의미입니다. 〈세계 인권 선언〉에도 "모든 사람은 태어날 때부터 자유를 누릴 자격이 있지만, 다른 사람의 자유를 인정하고 존중하기 위한 목적으로는 법의 제한을 받을 수 있다"라는 조항이 있죠. 비슷한 맥락으로 19세기 영국의 철학자 밀 역시 "개인의 자유는 상당히 제한되어야 한다. 개인은 타인을 대하며 자기 자유만을 독점적으로 주장해서는 안 된다"라고 말했습니다. 이들은 하나같이 개인의 자유를 이야기하며 타인의 이익과 욕망의 중요성을 언급했습니다. 그렇다면 개인의 자유란 결국 타인의 자유를 고려하지 않고는, 사회 전체의 자유와 분리해서는 말할 수 없는 개념이라고 보아야 하는 게 아닐까요?

개인의 자유란 넓은 의미에서는 타인의 이익과 욕망의 범위까지 고려한 개념입니다. 따라서 자유를 이야기하면서는 사회적인 것을 개인적인 것의 반대가 아닌 개인적인 것의 모임으로 이해할 필요가 있습니다. 근대의 저명한 철학자 스피노자, 루소, 밀, 헤겔 등은 현대사회에서는 개인이 사회적 교육을 통해 최소한의 공동체적 이성을 가지고 그 이성을 자기 행위의 준칙으로 삼을 때, 자아와 공동체의 합치가 이루어지며 자유 또한 얻게 된다고 주장했습니다. 개인이 이성적 존재로서의 자아를 실현하고, 그런 존재들의 공동체를 수립할 때 비로소 자유가 도래한다고 본 것입니다.

결론적으로 인간은 사회적 존재이기에 공동체 안에서 살아가야 하며, 따라서 자유와 행복 또한 그 안에서 누릴 수밖에 없습니다. 공동체와 개인은 서로 상반된 것이 아니며, 앞서 이야기했듯 우리는 공동체를 개인의 연장선상에서 바라볼 수 있어야 합니다. 인간이라는 존재가 이 지구상에서 이렇게 오랫동안 살아올 수 있었던 가장 큰 이유는 인간이 타인을 배려할 줄 아는 존재며 공감할 줄도 아는 존재이기 때문입니다. 동시에 문명을 발전시킬 수 있는 자유로운 영혼을 가지고 있는 존재이기 때문이기도 합니다. 그렇기에 개인이 공동체의 이익을 도모하지 않으면 지속적인 자유는 결코 보장될 수 없고, 공동체가 개인의 자유를 보장하지 않으면 그 사회는 끝내 획일화되고 말 것입니다. 결국 개인이 공동체 안에서, 다른 사람들의 자유를 책임지는 자세와 더불어 자신의 자유를 행하고자 할 때, 그리고 그 공동체가 그런 개인들의 자유를 소중하게 여길 때 비로소 진정한 자유가 도래할 수 있으며 행복 또한 보장될 수 있을 것입니다.

더 깊이 생각하게 하는 책들

자유론

존 스튜어트 밀 지음, 박홍규 옮김, 문예출판사, 2009.

정치적 자유주의를 대표하는 고전으로, 자유를 주제로 하는 책들 중 가장 중요하고 대중적인 작품이라 평가받는 책. 밀은 참된 자유란 틀렸다거나 해롭다는 이유만으로 제약받아서는 안 된다고 주장한다. 또한 자유가 무제한 허용될 때 비로소 사회가 진일보 할 수 있을 것이라 선언한다. 그의 이런 말들은 당대에는 혁신적이다 못해 혁명적인 이야기라는 평가를 받았지만 오늘날에는 굉장히 설득력 있는 주장으로 평가받고 있다.

자유를 말한다

라르스 스벤젠 지음, 박세연 옮김, 엘도라도, 2015.

인류 역사상 자유만큼 커다란 희생을 감내하며 추구해 온 덕목도 없지만, 그 희생이 무색할 정도로 오늘날 자유는 외면당하고 있다. 수많은 사람들이 스스로 자신은 자유롭다고 생각하며 살고 있지만 실상 그 생각은 착각일 수 있다. 우리가 누리는 자유는 늘 통제와 억압 속에서 주어지기 때문이다. 이런 이야기들을 시작으로 자유의 본질에 관한 여러 근원적인 이야기들을 다룬 책이다.

자유란 무엇인가

모리스 크랜스턴 지음, 황문수 옮김, 문예출판사, 1990.

자유는 시대와 장소에 따라 조금씩 다르게 정의되어 왔다. 이 책의 글쓴이는 그런 자유의 의미를 여러 방면에서 고찰해 자유의 의미를 보다 폭넓게, 하지만 명백하게 제시했다. 그리고 그것을 바탕으로 각국의 자유주의가 어떻게 전개되었는지까지 역사적으로 고찰해 보여 주었다. (2014년 개정되며 같은 출판사의 《자유와 인권》이라는 책의 1부로 편입됐다.)

머리에 피도 안마른 것들 인권을 넘보다ㅋㅋ

공현 외 지음,
메이데이, 2009.

청소년이 직접 쓴 청소년 인권서. 청소년의 시각으로 그동안 자신들의 자유와 인권을 억압해 온 한국 교육을 바라보고, 그 속에서 찾아낸 갖가지 문제점들을 현장감 있는 목소리로 비판한다. 두발과 복장 규제, 교편과 벌점, 학교폭력, 소지품 검사 등에 대한 생각을 인권의 문제와 연관 지어 이야기하고, 언론의 자유, 친권과 가정의 사회학, 페미니즘 등 진지한 사회 문제에 대한 다양한 고민들도 솔직담백하게 다뤄 냈다.

리바이어던

토마스 홉스 지음,
하승우 옮김,
풀빛, 2007.

홉스는 이 책에서 인간은 날 때부터 평등하기 때문에 공모를 하면 아무리 강한 사람도 충분히 쓰러뜨릴 수 있고, 바로 여기서 인류의 희망을 발견할 수 있다고 이야기했다. 하지만 그 평등성 때문에 인간들 사이에는 불신이 생기고 불신에서 전쟁이 발생할 수도 있다고 강조했다. 이런 이야기들과 함께 인간은 '타인에게 허락한 만큼의 자유를 갖는 것으로 만족해야 한다'는 메시지를 전했다.

사회계약론

장 자크 루소 지음,
이재형 옮김,
문예출판사, 2013.

루소는 "인간은 자유로운 존재로 태어났으나 곳곳의 사슬에 얽매여 있다"고 이야기하며 "자연으로 돌아가라"고 외쳤다. 하지만 현실적으로 자연으로 돌아갈 수는 없기에 인간은 계약을 맺어 사회 속에서 살게 되었고, 따라서 사회의 목적은 인간의 자유를 보장해 주는 것이라고 주장했다. 자유를 포기하는 것은 그래서 인간의 권리를 포기하는 것과 같다. 당대 가장 혁명적인 선언이었던 이런 루소의 주장을 여과 없이 담아낸 책이다.

글쓴이 소개(게재순)

이연도 중국 북경대학교에서 중국 근현대철학을 공부해 박사학위를 받았다. 동서양의 유토피아 사상에 관심이 많고, 정치와 사회철학을 주제로 하는 논문을 주로 썼다. 지금은 중앙대학교에서 학생들을 가르치며 중국철학과 고전, 청소년 철학 교육에 관한 저술 작업을 꾸준히 하고 있다. 그동안 중앙대학교, 서울대학교, 강원대학교 등에서 동양철학, 동양윤리사상, 중국미학 등을 가르쳤고, 고전 읽기의 즐거움을 대학 내외의 강의를 통해 전파하고 있다. 지은 책으로《강유위가 들려주는 대동 이야기》,《인문치료》(공저),《세상을 바꾼 철학자들》(공저) 등이 있고 옮긴 책으로는《공자전》,《징비록》이 있다.

서동은 어려서부터 호기심이 많아 궁금한 것이 있으면 빨리 알고 싶어했고, 나와 다른 언어를 사용하는 사람들은 어떤 생각을 하며 사는지 궁금해 외국어를 배우는 일에 관심이 많았다. 한때는 논리실증주의 철학에 관심이 많아져, 사람들이 사용하는 말들이 의미가 있는지 없는지 따져 보곤 한 적도 있다. 그러다 독일 사람들의 삶이 궁금해져 독일로 유학을 갔고, 그곳에서 언어와 문화의 차이를 많이 경험했다. 유학을 마치고 한국에 돌아와서는 여러 대학교와 중·고등학교에서 학생들을 만나며 대화 및 토론을 통해 삶을 주체적으로 일구어 가는 법을 가르쳐 주고 있다. 지금은 고대 그리스철학, 특히 플라톤과 아리스토텔레스에 관심을 갖고 그들의 책을 읽고 있다. 언젠가는 그리스어를 더 배워 플라톤과 아리스토텔레스를 원전으로 읽고 싶은 포부도 있다. 취미는 등산과 빈둥거리기. 철학이 좋은 이유는 철학은 이전까지 몰랐던 새로운 세계를 경험하도록 도와주기 때문이다.

정대성 독일 보쿰대학교에서 철학을 공부해 박사학위를 받았다. 현대사회의 수많은 병리적 현상들을 철학적으로 해명하는 것에 관심이 많고 언어와 철학의 관계에 대해서도 흥미를 가지고 공부하고 있다. 독일의 관념론과 현대의 비판이론이 그 '해명 작업'에 많은 빛을 주고 있다고 생각한다. 지은 책으로《내러티브연구의 현황과 전망》(공저),《인문정신의 탐색과 인문언어학》(공저),《삐뚤빼뚤 생각해도 괜찮아》(공저) 등이 있고, 옮긴 책으로는《청년 헤겔의 신학론집》,《비판, 규범, 유토피아》,《헤겔》 등이 있다. 현재 연세대학교 HK 연구교수로 재직 중이며 〈자유주의와 공화주의를 넘어서〉, 〈'서사'의 철학적 의미와 독일철학에서의 연구동향〉을 비롯한 많은 논문을 썼다.

이동용 철학을 하고 싶어 독일어를 배우기 시작했고, 이후 바그너의 도시라 불리는 바이로이트로 유학을 떠났다. 바이로이트대학교에서 니체를 전공한 스승을 만나 허무주의 사상의 매력에 빠졌고, 바그너 음악극의 매력까지 알게 되었다. 현재는 건국대학교, 철학아카데미, 희망철학연구소 등에서 니체 철학을 비롯해 문화와 예술을 아우르는 다양한 철학 수업을 진행하고 있다. 이렇게 이제껏 배운 것들을 힘이 닿는 데까지 가르쳐 볼 생각이다. 수필가로 등단하여 문학과 철학을 아우르는 힘 있고 아름다운 글을 쓰는 일도 부지런히 하고 있다. 철학은 여행과도 같다. 모든 것을 버리고 떠나 그 먼 곳에서 결국 자기 자신을 발견하게 되는 여행이 바로 철학이라 생각한다.

박승현 중국 북경대학교에서 철학을 공부하고 〈회남자와 한대의 장자철학〉이라는 논문을 써서 박사학위를 받았다. 지금은 원광대학교 마음인문학연구소 HK 연구교수로 재직 중이다. 공허한 이론적 논의에서 끝나지 않고 구체적인 현실의 삶 속으로 녹아들어 갈 수 있는 실천 철학과 인간의 고통의 문제에 어떻게 접근할 것인가를 고민하는 철학상담, 철학 치유에 관심이 많다. 지은 책으로는《마음과 마음》(공저),《우리시대의 인간상》(공저)《삐뚤빼뚤 생각해도 괜찮아》(공저)가 있고, 〈장자의 수양론과 마음치유〉, 〈노자의 수양론과 마음치유〉, 〈철학상담의 관점에서 장자 읽기〉 등의 논문을 썼다.

박남희 어떻게 살아야 할지 고심하다 철학의 길로 들어섰다. 철학을 통해 진리를 발견해 가고 있는 이 여정이 늘 나를 설레게 한다. 특히 해석학이라는 개방적이고 역동적인 학문을 접하며 가다머를 만났고 그와의 동행으로 풍요로운 삶을 살 수 있게 되었다. 그의 말처럼 철학은 아는 것이 아니라 사는 일이기에 오늘도 삶으로 철학하기를 멈추지 않으려 한다.

박일준 감리교신학대학교에서 종교철학을, 보스턴대학교에서 신학을, 드류대학교에서 철학을 공부했다. 종교학, 철학, 신학의 접경 지역에서 인지과학과 진화생물학 분야의 연구 결과들을 눈여겨보며, 인간 이후 시대에 인간을 어떻게 보아야 할지를 궁리하고 있다. 지금은 감리교신학대학교 기독교통합학문연구소에서 '공생의 기호학: 화이트헤드의 유기체론과 클라크의 연장된 정신 이론 그리고 퍼어스/호프메이어의 생물기호학biosemiotics를 통해 조망하는 인간-기계의 공생적 존재론'이라는 연구 프로젝트를 진행하고 있다. 지은 책으로 《A Philosophy of Sacred Nature》(공저)와 《종교와 철학 사이》 등이 있다.

한상연 독일 보쿰대학교에서 철학을 공부해 박사학위를 받았다. 지금은 가천대학교에서 철학을 가르치며, 희망철학연구소 등에서 여러 선생님들과 함께 인문학 살리기와 관련한 다양한 작업들을 하고 있다. 철학은 배운 사람들만 할 수 있는 어려운 학문이 아니라 우리들의 삶과 존재에 관한 구체적인 이야기일 뿐이라고 생각한다. 그 이야기 속에 있는 모든 이들은 각각 고유한 한 인간이다. 각각이 고유한 자로 머물며 서로 사랑하는 것, 그것이 바로 참된 철학의 기원이라 생각한다.

심상우 프랑스 스트라스부르그에서 윤리철학을 공부했다. 지금은 여러 대학교와 희망철학연구소에서 철학을 가르치고, 시민들을 대상으로 인문학 강의를 하기도 한다. 참된 가르침이란 사람들의 머릿속에 씨앗을 심어 주는 것이 아니라, 각각이 간직하고 있던 씨앗들을 자라날 수 있게 도와주는 것이라 생각한다. 그 사실을 알기에 오늘도 사람들의 가슴에 물을 주러 떠난다.